多文化共生社会における協働学習

杉原麻美 著

学文社

多文化共生社会における
協働学習

はじめに

　人間にとって「学習」とは何か？　「学力」とは何か？

　そんな根本的な問いに対峙する議論が世の中に増えている。知識基盤社会とも言われる 21 世紀は，インターネットで世界中が繋がり，新しい知識，情報，技術が広まるスピードは飛躍的に加速し，誰でもどこでも膨大な情報を入手できるようになった。かつては「どれだけ多くを知っているか」という知識習得に子どもたちの学習時間の多くが割かれ，それを学力テストとして測り，ひとつでも多く正解することを目指すことが教育の中心にあった。しかし社会環境の大きな変化を前に，これからの時代に求められる力やその育成方法についての議論が活発化し，それが教育行政や学校改革の中に反映されてきている。

　日本では，2020 年から始まる大学入試改革，2018 年度から幼稚園・小学校・中学校・高等学校で段階的に改訂される次期学習指導要領もこの潮流を汲む。これらが従来の教育改革と大きく異なるのは，教育機関で学ぶ教育内容（何を学ぶか）の見直しにとどまらず，学習方法や教育方法（どのように学ぶか）にまで変革の対象が広がっている点だ。教員による一方向的な授業ではなく，学習者の主体的・対話的で深い学び（アクティブ・ラーニング：能動的な学習）を育むことが推奨されるようになり，「アクティブ・ラーニング」という言葉はこの数年間のうちに日本国内で頻繁に使用されるようになった。

　本書のテーマである「協働学習（collaborative learning）」は，このアクティブ・ラーニングにも包含される学習形態のひとつだが，学校だけでなく企業や地域などさまざまな場に広がるものである。人が人と関わり合い協働していく活動では，相互に影響を及ぼしあったり，場面に応じた役割を担ったりするため，ひとりでは得られない深い気づきや多面的視点を得ることができる。また，

人としてのあり方や他者とのコミュニケーションについての示唆につながることも多い。

　本書は，この「協働学習」が持つ裾野の広さを前提に，社会的背景と事例をまじえてまとめたものである。第1章では，協働学習の今日的な意味を社会背景とともに考え，第2章では，社会に広がる協働学習の事例をもとに学習デザイン上のポイントを解説する。最終章の第3章では，大学教育の変化とそこで求められる協働学習について筆者の授業実践例もまじえて紹介する。

　筆者が協働学習への関心を深めたのは，前職で社会人の学びに関する取材や研究を行っていた2010年前後にさかのぼる。当時は，スマートフォンやタブレットを活用した学習やMOOC（Massive Open Online Course：大規模無料オンライン講座）が世界的に広がり始めた頃だった。ネット上には安くて良質な学習コンテンツが豊富に存在し，社会人が趣味やスキルアップの目的で通うスクールの中には，この環境変化の影響を受けて苦戦するところも出始めていた。安価な代替手段によって「リアルな学びの場に残る価値」が問われ出したのだ。一方，集客や会員継続に成功している事業者は，通学者のモチベーション形成や場の魅力づくりを強化していた。その中には，協働学習の要素を内包して価値を高めているケースも散見された。

　その後，筆者の興味は「学びの場づくり」へと広がった。2012年に本書でも紹介する青山学院大学社会情報学部の科目等履修プログラム「ワークショップデザイナー育成プログラム」で学びの場づくりについて学んだ後，2014年に大学教育に転じ現在に至る。協働学習を実践する側の立場になって気づいたのは，前職での「編集会議」がまさに協働学習の場であったということである。多様な個性を持つ編集部員がフラットな関係性のもとで主体的・対話的で深い学びを得て，アイデアを形にする場であったと再認識した（詳細は第3章）。

　そこで，社会に広がる協働学習を横断的に俯瞰し，学びの場における普遍性や教室に取り込めるヒントを探りたいとの考えからまとめたのが本書である。

協働学習に関心を広げていただき，多面的・多角的な探究につながる協働学習の新たな可能性を感じていただければ幸いである。

2018 年 2 月

杉原　麻美

目　次

はじめに　1

第❶章　今，なぜ協働学習が必要か？ ……………………9

1．協働学習とは何か？ ……………………9
・協働学習の多義性　9
・協同学習（cooperative learning）から
　協働学習（collaborative learning）へ　10
・第2期教育振興基本計画における「協働」　11
・学校における「協働学習」　12
・学校でのICT活用と「協働学習」　13
・広がる「協働学習支援システム」　17

2．21世紀型教育の模索と協働学習 ……………………21
・ATC21Sの21世紀型スキル　21
・21世紀の学習者と4つの次元　23
・OECDのキー・コンピテンシーとEducation 2030プロジェクト　25
・SDGsと持続可能な開発のための教育（ESD）　28

3．学習意欲を高める協働学習 ……………………32
・若年層の自尊感情　32
・中学生から増える「勉強嫌い」　33
・学習内容と学習意欲の関係　35

4．生涯学び続けることを求められる時代 ……………………41
・VUCAワールドの時代　41
・AIブームと人間に残る仕事　42
・長寿命化と生涯学習　46
・「計画された偶発性」をもたらす学び場　48

目　次

第❷章　社会に広がる協働学習 ……………… 53
　　　　～ケーススタディから学ぶヒント～

１．多様性受容力と思考力を育む　～初等・中等教育から～ …… 53
　《事例１‐１》キンダリーインターナショナル（民間学童保育）　53
　《事例１‐２》東京インターナショナルスクール（国際バカロレア認定校）　58
　《事例１‐３》開智中学・高等学校（哲学対話）　64

２．新たなつながりの中で共に学ぶ
　　　　～地域・異文化・世代間の交流～ ……………………………… 71
　《事例２‐１》パンゲア（日本の児童×海外に住む児童）　71
　《事例２‐２》“働く”の教室（児童×働く親×大学生）　77
　《事例２‐３》“学ぶ”の教室（児童×大学生）　86

３．協働の担い手を育成する　～社会人の学び場から～ ………… 92
　《事例３‐１》ワークショップデザイナー育成プログラム　92
　《事例３‐２》サイボウズ チームワーク総研　96
　《事例３‐３》日本ブラインドサッカー協会（研修，ワークショップ）　101

第❸章　協働学習の学習デザインと可能性 ……………… 105
　　　　～大学教育の変化と表現学科での授業実践～

１．大学教育の質的転換と授業改革 ……………………………………… 105
　・「量から質へ」の転換　105
　・アクティブ・ラーニングの導入状況　111
　・教員が学ぶ「インタラクティブ・ティーチング」　115
　・教員が学ぶ「ワークショップデザイン」「ファシリテーション」　117

２．「伝える力」の育成を目指す表現学科での授業実践 …… 120
　・クリエイティブ・ラーニング・スパイラル　120
　・共有の度合いを段階的に上げていく協働学習　123
　・プレゼンシング（生成的な対話）を生む場づくり　131
　・インタビューワークがもたらす学び　133

あとがき　　139
欧文索引　　141
和文索引　　142

第1章 今，なぜ協働学習が必要か？

　21世紀に入ってからの社会は，情報通信技術の進化やグローバル化などを背景に変化のスピードが加速している。それは人々の生活や働き方にも大きく影響し，教育や学習の場で求められることに変化を与えている。協働学習は，こういった社会的・時代的背景から必要性が高まっている学習形態のひとつである。ここでは，協働学習が求められている今日的な意味について考える。

1. 協働学習とは何か？

●「協働学習」の多義性

　「協働学習」という言葉は，類似語の「協同学習」「協調学習」とともに教育分野では使用されることが多い言葉ではあるが，一般的には聞きなれない言葉であろう。聞いたときにどのような意味として解釈されるだろうか。「協働」と「学習」という2つの単語が連なる言葉なので，「協働的に学習」することか，もしくは「協働を学ぶ，つまり協働性を身につけるための学習」と考える人もいるかもしれない。冒頭に「協働学習」というこの言葉の定義や，どのような文脈の中で使用されることが多いかを確認しておきたい。

　まず，「協働学習とは何か」という論文で坂本旬（2008）が示した定義を紹介しよう。本論文では，「協働学習」という言葉の使われ方の歴史的・社会的背景や教育学，教育工学，学校経営学などの各分野における概念を整理したうえで，定義化を試みている。その定義では，第一義的には，学習活動に「協働」を用いる学習形態であり，二義的には，「協働」するための能力や学習者間の「協働」関係の形成を志向する学習も含むと示している。さらに論文の結びには，協働学習の教育的価値について下記のように記されている。[1]

「協働学習」は多様な価値観や文化がしばしば対立し，葛藤する世界を変革するための一つの教育的方策として理解することができる。確かに「協働」は高い生産性を可能にするという点で，経済的価値を持ち，CMC を中心とした ICT がそれを世界的に拡大することを可能にするという点で，技術的基礎を持っているといえるが，それを教育の現場に取り入れる意義は，何よりも「協働」の技術と思想が世界的な対立や葛藤の解決の手段として不可欠であるという現実によるものであり，そこに教育的価値があるからである。

※文中の CMC は Computer-Mediated Communication（コンピューターが介在するコミュニケーション），ICT は Information and Communication Technology（情報通信技術）のことを指す。

　ここで示されているように「協働学習」という言葉には，「協働」の意味する内容や対象の広さゆえの多義性が見られる。そして，協働学習の先に見据えるアウトカム（成果，結果）には，イノベーションや経済合理性だけでなく平和的解決までが期待される場合もあるということだ。グローバル化や ICT によって物理的に世界の人々や情報とつながりやすくなった現代人が，対立や分断に陥ることなく「協働しながら生きる」ことができるようになる教育的価値への期待や祈りに近い理念が息づいているとも言えるだろう。

● 協同学習（cooperative learning）から協働学習（collaborative learning）へ

　「協働学習」に英語を併記する場合は，「collaborative learning」と書くのが一般的で，類似語「協調学習」「共同学習」「協同学習」を cooperative learning とすることで，その違いを意識して表現される場合もある。最近では「コラボレーション（collaboration）」や，それを略した「コラボ」という言葉が，企業活動や生活場面でもよく使われる。「collaboration」は，「働く」を意味するラテン語「laborara」に，「ともに」を意味する接頭語「co」が加わったもので，協働して何かを創り出したり新しいことを生み出したりする積極的働きかけを伴うニュアンスがある。すでに明示されている基準や方向性に対して協力して合わせていく（cooperative）のではなく，新たな価値を生成していく創造性や積極性が collaborative には暗示される。ゆえに，このような価値創造の意味も含め

て，協働学習（collaborative learning）という言葉を本書でも使用していく。

● **第 2 期教育振興基本計画における「協働」**

「協働」という言葉は，日常のさまざまな場面で使用される言葉であるが，日本の教育現場で「協働」や「協働学習」という言葉が頻繁に使われるようになってきた背景には，文部科学省が示す方針や国が発信する文書に，ある時期から多く使用されてきたことがある。後述する ICT 教育の推進の中でも 2010 年頃から「協働学習」という言葉が頻出するほか，教育行政の全体方針を示す「教育振興基本計画」で「協働」が重要理念として示されたことも挙げられる。

「教育振興基本計画」とは，改正教育基本法（2006 年 12 月公布・施行）に基づいて政府が策定する総合計画である。全体方針と今後 5 年の計画が示され，第 1 期（対象期間：平成 20 年度〜平成 24 年度）が 2008（平成 20）年 7 月に，第 2 期（対象期間：平成 25 年度〜平成 29 年度）が 2013（平成 25）年 6 月に閣議決

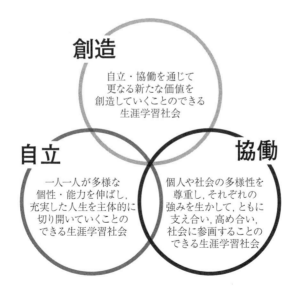

図 1-1　第 2 期教育振興基本計画で示された生涯学習社会の 3 つの理念
（今後の社会の方向性）

出典：文部科学省

定された。この計画の対象には，学校だけでなく家庭や地域社会における生涯学習等も含まれ，国を取り巻く環境に鑑みた教育行政の方針がまとまっている。この第2期教育振興基本計画では，今後の社会の方向性として日本が目指す生涯学習社会を3つの理念で示した。図1-1の「自立」「協働」「創造」である。計画の前文は「今正に我が国に求められているもの，それは，『自立・協働・創造に向けた一人一人の主体的な学び』である。」という一文から始まる。こうして教育行政のキーワードのひとつに「協働」が示されるようになった。

● 学校における「協働学習」

　文部科学省から発信される文書中に「協働学習」という言葉が学校に関して使用される際には，大きく分類すると，①グループ学習とほぼ同義で使用している場合，②ICTを活用した学習で使用している場合，③学校外のステークホルダーとの協働で使用している場合に分けられる。①は教室内での広義な使われ方で，②③は該当する教育テーマに応じた場面で使われている場合である。以下に，②と③の具体的文面の例を挙げる。

〈ICTを活用した学習で使用している「協働学習」〉

例）「ICTは，時間的・空間的制約を超えること，双方向性を有すること，
　　カスタマイズが容易であることなどがその特長です。

　　　このような特長を効果的に活用することにより，

　　　・子供たちが分かりやすい授業を実現

　　　・一人一人の能力や特性に応じた学び（個別学習）

　　　・子供たち同士が教え合い学び合う協働的な学び（協働学習）

　　　など，新たな学びを推進することが可能となります。」　（下線は筆者）
（「学びのイノベーション事業」概要　文部科学省[3]）

例）「協働学習ではタブレットPCや電子黒板等を活用し，教室内の授業や
　　他地域・海外の学校との交流学習において子供同士による意見交換，発表

などお互いを高めあう学びを通じて，思考力，判断力，表現力などを育成することが可能となる。

C1　発表や話合い：考えや作品を提示・交換しての発表や話合い

C2　協働での意見整理：複数の意見や考えを議論して整理

C3　協働制作：グループでの分担や協力による作品の制作

C4　学校の壁を越えた学習：遠隔地の学校等との交流」（下線は筆者）

（「学びのイノベーション事業実証研究報告書」第4章ICTを活用した指導方法の開発：文部科学省，平成26年4月11日）[4]

〈学校外のステークホルダーとの協働で使用している「協働学習」の例〉

例）「身近な地域や外国に至るまで学校内外の様々な人々との協働学習」

（「第2期教育振興基本計画」より）

例）「両大学が協働開発した様々な留学・協働学習プログラムを協働で運営している。」

（2013年度先導的大学改革推進委託事業「大学等における多様な海外・社会体験活動プログラムの実施状況に関する調査研究」事例集）[5]

　学校における「ICT活用」も「学外との連携」も，近年の教育改革の流れの中で強化されているテーマである。その教育改革とともに「協働学習」という言葉が教育関係者の中で使われることが増えてきた。

● 学校でのICT活用と「協働学習」

　ここで，日本の教育現場におけるICT活用の位置づけと，ICT活用がどのように協働学習につながるのかを考えたい。まず，国の方針を確認しておこう。2011年4月，文部科学省は2020年度に向けた「教育の情報化ビジョン」を示した。これは，前年度に「学校教育の情報化に関する懇談会」で初等中等教育における情報化の推進方策について検討した結果を受けて示された方針である。なお，学校教育におけるICT活用は，授業の中での活用だけでなく校務の情報

化や地域との連携なども含まれるが，ここでは授業での学習に限定し見ていく。

このビジョンの中ではICTを活用した学習方法について「情報通信技術を活用して，一斉指導による学び（一斉学習）に加え，子どもたち一人一人の能力や特性に応じた学び（個別学習），子どもたち同士が教え合い学び合う協働的な学び（協働学習）を推進[6]」するとし，「協働学習」という言葉が多用されている。

その後，文部科学省は総務省が2010年度から進めていた実証研究「フューチャースクール推進事業」と連携し，全国20校（小学校，中学校，特別支援学校）を対象にしたICT活用の実証実験「学びのイノベーション事業」（2011年度〜2013年度）を進める。「教育の情報化ビジョン」と「学びのイノベーション事業」の中で示された協働学習は図1-2，図1-3のようなものである。

このほか，総務省が2017年3月に発行した「教育ICTガイドブック」の中では，教育分野でICTを活用する意義を「トリプルA（Active：アクティブ，Adaptive：アダプティブ，Assistive：アシスティブ）」の3つのキーワードで提示

図1-2 「教育の情報化ビジョン」で示された21世紀にふさわしい学びの姿[7]

図1-3 「学びのイノベーション事業」で示されたICTを活用した協働学習[8]

している（図1-4）。アダプティブとは，適応性や適応する状態の意である。学習者に関する学習履歴や正答率等のビッグデータを解析することによって，学習者一人ひとりの理解度や進度に最適化された学習を自動生成する「アダプティブ・ラーニング」が近年広がっている。これに対応したデジタル教材やオンラインサービスが登場し，一斉授業ではできない個別最適な学習メニューを提供することが可能になった。3つ目のアシスティブは，援助や支援をすることを指し，このガイドブックの中ではさまざまな困難を抱える子どもたちの支援や教職員の支援といった広い意味あいで用いられている。

　トリプルAの概念は，教育を支えるアシスティブ（支援）がまず土台となり，そのうえに学びのアクティブ（活性化）とアダプティブ（最適化）が実現できることと，それらが重なり合い複合的メリットが生まれることを表現している。

　では，日本の学校におけるICT活用はどのように目標設定されどのように進んでいるのか。2016年5月に閣議決定された「日本再興戦略2016」の中で

図1-4 総務省「教育ICTガイドブック」で提示されているトリプルA[9]

は教育の情報化におけるKPI（Key Performance Indicator：主要指標）として2020年度をターゲットに以下の3項目が掲げられている。[10]

　KPI①　授業中にITを活用して指導することができる教員の割合
　　　　（目標）2020年度までに100％　（2014年度）71.4％
　KPI②　都道府県及び市町村におけるIT環境整備計画の策定率
　　　　（目標）2020年度までに100％　（2014年度）31.9％
　KPI③　無線LANの普通教室への整備
　　　　（目標）2020年度までに100％　（2014年度）27.2％

　とくにKPI③の無線LANの整備については2016年3月時点で26.1％との報道もある。[11]学校で子どもが使用するコンピューターやタブレット端末の整備状況も地域間格差があるなど，環境整備は一筋縄ではいかない。文部科学省は2016年10月に生徒用コンピューター整備率の全国市区町村別順位を初めて公表したが，約50市区町村で生徒1人に1台以上の環境が整っている一方，約160市区町村は10人以上で1台を使うなどの差が見られた。政府は2017年度末までに生徒3.6人に1台という目標を掲げている。今後，無線LANの整備とともに地域間格差を解消して改善していくことが期待される。

　このようなICTの環境整備では技術の標準化やノウハウ提供が必要となり企業を含めたステークホルダーとの連携が欠かせない。2015年に発足した「ICT CONNECT 21（みらいのまなび共創会議：通称アイコン21）」は教育でのICT活用を推進する団体で，100以上の企業・団体が所属している。[12]文部科

省が 2015 年度から始めている学習支援事業「地域未来塾」[13]（経済的理由などで塾に通えない中高生向けに無料で補習を行う。各自治体の教育委員会等が運営）は、この ICT CONNECT 21 と連携して 2017 年度から授業配信とタブレット端末の配布などを進めている。ICT の導入では、経済的理由による地域間格差や家庭間格差を埋めていく施策もあわせて必要になっている。

● 広がる「協働学習支援システム」

　学校での象徴的な ICT 活用シーンといえば、学習者一人ひとりがタブレット端末を持ち、机をグループ単位に並べて個人作業とグループでの話し合いをした後、クラス全体に対してグループ発表を行う進行だ。このような授業では、各自のタブレットには、それぞれの回答、調べた情報、作成した資料、制作物等がある。全員が教科書の同じページを開いて学習する従来の学習と異なり、生徒の手中に表示されているものはそれぞれである。インターネットを用いて 10 分間で収集できる情報も、5 人グループなら 5 倍に、クラスが 40 人なら 40 倍にもなる。それを共有して各立場の意見交換や発表を行えば、限られた時間で多面的・多角的な論考も可能となる。このような対話や発表の機会が増えることによって、学習者の思考力や表現力も醸成されていく。教室という場のダイナミズムが発揮され、リアルな場だからこそ実現できる学びが生まれる。

　ただし、このような学びの広がりが生まれるかどうかは、その場をファシリテートする立場の教員の関わり方や、それを支援するシステムによるところが大きい。せっかくタブレット端末というツールを学習者一人ひとりが手にしても、ひとりで操作したり自宅で操作したりすることと変わらないことに終始してしまえば、それは単にツールの置き換えに過ぎないことになる。ここで大きな学習観の転換が求められる。教員の役割が、知識伝達や理解促進だけではなく、同時に教室内に生まれるさまざまな情報・視点・意見を、どのように束ね、どのように論点整理し、どのように学びを深めていくかという「情報編集力」が必要となっていくのだ。つまり、ICT を活用した学習の効果を高めていこうとすると、自ずと教員側に複雑な情報編集作業が発生する。近年はこの作業

をサポートするためのタブレット用授業支援のシステムが導入される場合が多い。教員がこれらのシステムに習熟し活用することによって，教員自身のリソースを生徒の理解状況の把握や働きかけ，教材開発等に割くことができる。

こういった支援システムの開発は，学校向けデジタル教材の開発とともに企業における大きなビジネスチャンスになっている。富士キメラ総研が2017年5月に発表した「エデュケーションマーケット 2017」[14]では，教育機関向けICT関連市場規模は，2016年度が1,430億円（見込），2021年度には約2,000億円まで拡大すると予測している。そのうちタブレット端末に入力された情報の取得や資料配信，電子黒板と連携させるなどのシステムを含む市場を「協働学習支援システム市場」と定義し，今後各学校にタブレット端末が普及するまでは市場拡大が続くと予想している。2016年度の35億円（見込）の市場が2021年度には75億円ほどになると試算している。この2021年度の予測市場は，2015年度比で約3倍の規模になる計算である。

このような市場規模の拡大を反映するように，関連する展示会や見本市等も活況を呈している。その代表的なものがリード エグジビション ジャパン（株）の開催する教育ITソリューションEXPO（EDIX エディックス）で，2010年より毎年東京で開催され，2017年には関西でも開催された。この展示会には大手企業からベンチャー企業までのさまざまな教育系ITビジネス事業者が集い，

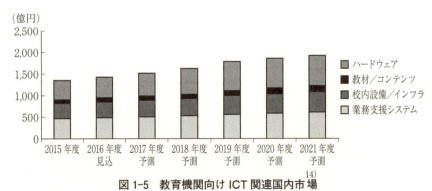

図1-5　教育機関向けICT関連国内市場[14]

出典：富士キメラ総研「エデュケーションマーケット 2017」

今，なぜ協働学習が必要か？　第1章

写真 1-1　2017 年 5 月に行われた教育 IT ソリューション EXPO の様子

年々新しいサービスが発表され，教育機関向けの PR や商談の場となっている。主催者が発表した 2017 年の来場者数は，5 月開催の東京で 3 万人超，11 月開催の関西で 1 万人弱（いずれも 3 日間開催）にのぼる。[15]

こういった展示会では，各社のサービスやシステムがどのような学習観にもとづいて開発されたかを解説される場合も多い。従来の教室が学習者を中心にどのように変わっていくのか，どのように主体的で対話的で深い学びにつながっていくのかを訴求したり，先進的な授業改革を行っている学校関係者をまじえて導入事例が紹介されたりする。アクティブ・ラーニングや ICT の導入を進めている教育関係者にとっての情報収集の場にもなっている。

ここまで見てきたように，「協働学習」という言葉は，21 世紀に入ってからの社会で加速的に進む ICT 化とグローバリゼーションを背景に，多義的に使用されるようになった。それは，時代変化に対応した働き方や教育が議論される中で自ずと求められる学習スタイルであり，個人や組織が協働して社会に参画するうえでの基本姿勢を育むものと言えるだろう。

〈引用・参考文献〉
1) 坂本旬「『協働学習』とは何か」『生涯学習とキャリアデザイン 5』法政大学キャリアデザイン学会，2008，pp. 49-57
http://repo.lib.hosei.ac.jp/bitstream/10114/6703/1/cd-gak05_sakamoto.pdf
（2018 年 2 月 1 日アクセス）
2)「第 2 期教育振興基本計画」（平成 25 年 6 月 14 日閣議決定）文部科学省，2013
3)「学びのイノベーション事業　概要」
文部科学省　http://jouhouka.mext.go.jp/school/innovation/（2018 年 2 月 1 日アクセス）
4)「学びのイノベーション事業実証研究報告書」文部科学省，2014，p. 101

5) 2013 年度先導的大学改革推進委託事業「大学等における多様な海外・社会体験活動プログラムの実施状況に関する調査研究」事例集　文部科学省（ベネッセコーポレーション作成：立命館アジア太平洋大学の事例）2014，p. 57
6)「教育の情報化ビジョンの公表について」文部科学省，平成 23 年 4 月 28 日
http://www.mext.go.jp/a_menu/shotou/zyouhou/detail/1387269.htm
（2018 年 2 月 1 日アクセス）
7)「教育の情報化ビジョン〜21 世紀にふさわしい学びと学校の創造を目指して〜」文部科学省，2011，p. 18
8)「ICT を効果的に活用した子供たちの主体的な学びの実現へ〜学びのイノベーション事業 実証研究報告書のポイント〜」文部科学省，2014，p. 5
http://jouhouka.mext.go.jp/school/pdf/manabi_no_innovation_pamphlet.pdf
（2018 年 2 月 1 日アクセス）
9)「教育 ICT ガイドブック Ver.1」総務省，2017，p. 4
10)「日本再興戦略 2016（抜粋）」（平成 28 年 5 月 31 日閣議決定）（教育の情報化関係の概要部分の抜粋），文部科学省，2016
http://www.mext.go.jp/component/a_menu/education/micro_detail/__icsFiles/afieldfile/2016/10/11/1369596_001_02.pdf（2018 年 2 月 1 日アクセス）
11)「第 2 期教育振興基本計画の達成状況と第 3 期計画に向けた取り組みや課題について聞く」『週刊経団連タイムズ』No. 3314，2017
12) ICT CONNECT 21　https://ictconnect21.jp/（2018 年 2 月 1 日アクセス）
13) 地域未来塾　ポータルサイト　https://chiiki-mirai-juku.ictconnect21.jp/
（2018 年 2 月 1 日アクセス）
14)「エデュケーションマーケット 2017」富士キメラ総研，2017
https://www.fcr.co.jp/pr/17041.htm（2018 年 2 月 1 日アクセス）
15) 教育 IT ソリューション EXPO　http://www.edix-expo.jp/（2018 年 2 月 1 日アクセス）

今，なぜ協働学習が必要か？　第❶章

2. 21世紀型教育の模索と協働学習

● ATC21Sの21世紀型スキル

　ここで日本の教育行政の背景にある新たな能力概念と21世紀型教育の議論に触れておきたい。20世紀から21世紀にかけての社会変化の中で，もっとも大きいインパクトのひとつはIT技術の進化とインターネットで世界中がつながるようになったことだろう。21世紀は知識基盤社会（knowledge-based society）とも言われ，新しい知識，情報，技術が広まるスピードは飛躍的に速くなり，「知」の国際競争もさらに激しさを増している。このような環境変化に対応するために個人や組織に求められるスキルを見直すことが世界的に行われだした。その動きのひとつが2009年にロンドンで開催された「学習とテクノロジーの世界フォーラム」の中で立ち上がった「21世紀型スキルの学びと評価プロジェクト（Assessment and Teaching of Twenty-First Century Skills Project ATC21S：エーティーシー トウェンティファースト エス）」である。このプロジェクトでは，シスコシステムズ，インテル，マイクロソフトがスポンサーとなっており，情報化社会における働き方に対応したスキルを教育の中に取り入れる必要性を訴え，以下の4領域とその中の10のスキルが提示された。

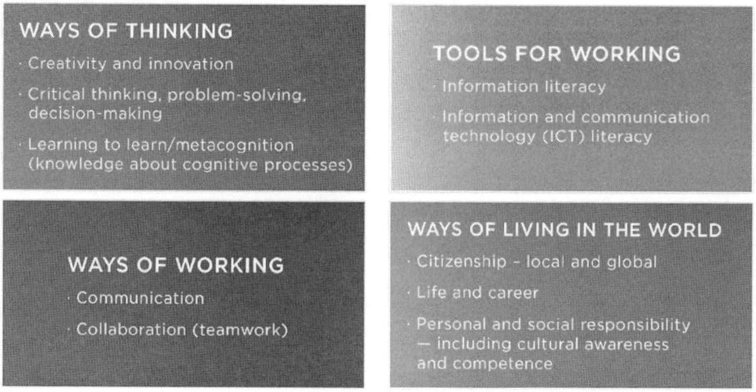

WAYS OF THINKING
・Creativity and innovation
・Critical thinking, problem-solving, decision-making
・Learning to learn/metacognition (knowledge about cognitive processes)

TOOLS FOR WORKING
・Information literacy
・Information and communication technology (ICT) literacy

WAYS OF WORKING
・Communication
・Collaboration (teamwork)

WAYS OF LIVING IN THE WORLD
・Citizenship – local and global
・Life and career
・Personal and social responsibility — including cultural awareness and competence

図1-6　ATC21Sが示した21世紀型スキル[1]

表 1-1　ATC21S が示した 21 世紀型スキル（日本語）

領域 1.　思考の方法（Ways of Thinking）
　　(1)　創造力とイノベーション
　　(2)　批判的思考，問題解決，意思決定
　　(3)　学びの学習，メタ認知（認知プロセスに関する知識）
領域 2.　仕事の方法（Ways of Working）
　　(4)　情報リテラシー
　　(5)　情報通信技術に関するリテラシー（ICT リテラシー）
領域 3.　仕事のツール（Tools for Working）
　　(6)　コミュニケーション
　　(7)　コラボレーション（チームワーク）
領域 4.　社会生活（Ways of Living in the World）
　　(8)　地域と国際社会での市民性
　　(9)　人生とキャリア設計
　　(10)　個人と社会における責任（文化的差異の認識および受容能力を含む）

このプロジェクトでは，従来の学習評価や教育目的であまり深く検討されることのなかった2つの領域「デジタルネットワークを使った学習」と「協調的問題解決」に焦点が当てられている。そして，後者の「協調的問題解決」に関して，個人の能力として以下の5要素を挙げて概念化がなされている[2]。

① グループ内の他の人の考え方を理解する力
② メンバーの知識・経験・技能を豊かにすることに貢献し参加できる力
③ 貢献の必要性やどのように貢献すればよいかを認識できる力
④ 問題解決のために問題の構造や解決の手続きを見いだす力
⑤ 協調的なグループのメンバーとして新しい知識や理解を積み上げ，つくり出す力

ここに掲げられた5要素は，協働学習の場のあり方としても，協働学習を通じて各学習者が習得を目指す力としても妥当な項目と言えるだろう。

今，なぜ協働学習が必要か？　第❶章

● 21世紀の学習者と4つの次元

　日本では 2017 年 3 月に新学習指導要領が公示された。その検討に際しては海外の国際的な研究チームが進めている学力観の枠組みも参考にされている。そのひとつが CCR[2) 3)](Center for Curriculum Redesign：カリキュラム・リデザイン・センター）が提示した枠組みだ。CCR は，21 世紀における K-12 教育（幼稚園から高校までの教育）の基準を再設計することによって，人間の能力を拡大し，集団的な繁栄をもたらすことを目指した国際的な研究機関である。CCR の会長である C. ファデル氏らは 2015 年に *Four-Dimensional Education: The Competencies Learners Need to Succeed* を著した。日本では東京学芸大学次世代教育研究推進機構が中心となり訳された『21 世紀の学習者と教育の 4 つの次元：知識，スキル，人間性，そしてメタ学習[4)]』が 2016 年に発行され，世界でも複数の言語による翻訳書が刊行されている。CCR は，同様の国際研究から提案されている枠組みとの共通点を示しながら，21 世紀型教育の包括的な枠組みとして，教育を 4 つの次元（知識：knowledge，スキル：skills，人間性：character，メタ学習：meta-learning）に整理し，図 1-7 のように示した。CCRの枠組みの中では，「協働」は「スキル」の 1 項目に挙げられている。そして，協働学習について複数の先行研究に基づき以下のように解説している。

　　協働学習（collaborative learning）は学習の成果を高め，題材をより楽しみ自尊感情や多様性を受け入れる心などを向上させることが明らかにされている。現在では協働学習を利用したさまざまな教育ツールが存在するが，それらは単独での学習や競争的な学習よりも学力の向上に効果があることがメタ分析で示されている。さらに協働的に学習した場合，子どもたちは学校や教科，教師，そしてお互いのことをより肯定的に見るようになることもわかっている。そして協働は，コミュニケーションの真の目的として働いたり，批判的思考や創造性の向上をもたらしたりするなど，本章で論じた他のスキルと相乗的に作用[4)]する関係にあるのである。（下線は筆者）

図 1-7　CCR が示す 21 世紀教育の 4 つの次元[3)4)]

　さらに，CCR は 4 つの次元の中で「メタ学習 (meta-learning)」を，他の 3 つの次元をすべて包括するものと位置づけている。メタ学習とは，いわば「学び方の学習」のことである。メタ認知（自分の認知をより高いレベルで認知すること。自分の思考や行動を俯瞰して捉えること）を働かせ，自分がどのように知識，スキル，人間性を学んだかを省察することによって，学びはより深まる。協働学習は，他者との関わりの中で学ぶ活動なので，スキル，知識，人間性に関して多面的な気づきが同時に誘発されやすい。得られた気づきを振り返り，その意義や意味を自分なりに考えることが，深く豊かなメタ学習につながる。

　なお，日本の学校教育法では「学力の三要素」が示されているが，国はこの 3 要素が CCR の枠組みとどう重なっているかを，図 1-9 のように説明している。

今，なぜ協働学習が必要か？　第1章

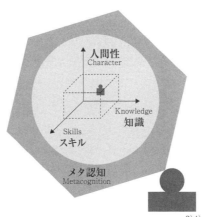

図1-8　CCRが示すメタ学習のイメージ[3)4)]

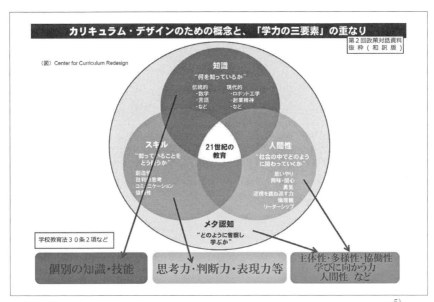

図1-9　CCRの枠組みと学校教育法に基づく「学力の三要素」との重なり[5)]
出典：中央教育審議会初等中等教育分科会教育課程企画特別部会　補足資料より

● OECDのキー・コンピテンシーとEducation 2030プロジェクト

　OECD（経済協力開発機構）は，加盟国における教育の成果や評価を検討す

25

るうえで，キー・コンピテンシー（key competencies：主要能力）の特定と分析が必要であるとの判断から，1997年に『コンピテンシーの定義と選択』（The Definition and Selection of KEY COMPETENCIES；DeSeCo デセコ）の策定に着手した。これを基本概念として，国際的な学習到達度調査のPISA（Programme for International student assessment）が2000年から3年ごとに行われるようになった。PISA調査は15歳を対象に読解力，数学的リテラシー，科学的リテラシーの3分野で行われ，国際比較の結果が開示される。この順位の上下をめぐっては，日本国内でも多く報道され耳目を集めている。

　PISA調査の基本概念としてOECDが掲げた「キー・コンピテンシー」は，人生の成功や社会の発展にとってとくに有益であり，かつ重要な課題に対応するためにあらゆる個人に備わっていることが望まれる資質・能力のことを指している。そして，キー・コンピテンシーの能力開発に十分な投資を行うことが，社会経済の持続可能な発展と世界的な生活水準の向上につながるとして，最終報告を2003年にまとめた。OECDのキー・コンピテンシーは以下の3つのカテゴリーで提示されている[6]。

〈キー・コンピテンシーの3つのカテゴリー〉

　① 社会・文化的，技術的ツールを相互作用的に活用する能力
　　　（個人と社会との相互関係）
　② 多様な社会グループにおける人間関係の形成能力
　　　（自己と他者との相互関係）
　③ 自律的に行動する能力（個人の自律性と主体性）

　さらに，キー・コンピテンシーの社会的背景について，「変化」，「複雑性」，「相互依存」というキーワードを挙げて以下のように説明している。

（背景1：変化）

　テクノロジーが急速かつ継続的に変化しており，これを使いこなすためには，一回習得すれば終わりというものではなく，変化への適応力が必要。

（背景2：複雑性）

　社会は個人間の相互依存を深めつつ，より複雑化・個別化していることから，自らとは異なる文化等をもった他者との接触が増大する。

（背景3：相互依存）

　グローバリズムは新しい形の相互依存を創出。人間の行動は，個人の属する地域や国をはるかに超える，例えば経済競争や環境問題に左右される。

　これらの背景と3つのカテゴリーを見ると，21世紀の社会では互恵的関係を築く能力がいかに求められているかが再確認できる。OECDが経済発展や社会の全体発展のためにもこのような能力が必要であると明確に示したことは，各国の教育行政の方向性や教育関係者に影響を与えている。

　さらにOECDは，引き続き激しい変化を見せる技術革新，グローバリゼーション，気候変動や人口動態等の動向に鑑みて，2030年の世界に求められるキー・コンピテンシーの内容を見直し「Education 2030」というプロジェクトを進めている[7]。このプロジェクトは，OECDが東日本大震災の復興支援として行った「OECD東北スクール」事業がきっかけのひとつになったという。2011年3月11日の震災当日から間もない4月にOECD事務総長が来日し，東北の復興に協力することを約束し，その後，文部科学省，福島大学と協議を重ねて生まれたのがこの復興教育プロジェクトである。OECD東北スクールには被災地の中学生・高校生約100人が参加し，2年半にわたるプログラムの集大成として，2014年にパリのOECD本部で東北の魅力を世界にアピールするイベントを成功させた[8][9]。このプロジェクトでは，甚大な被害に直面した子どもたちが主体となって，さまざまなステークホルダーと連携しながら，国際的な視野をもった復興の担い手として成長した。そして，この取り組みをひとつのモデルにしてEducation 2030事業が立ち上がったという[10]。2030年の世界はより複雑で不安定で高いレベルの課題解決が求められると予測されるため，OECD東北スクールのプログラムのように学習者が主体的に参加するPBL（Problem Based Learning：問題解決型学習，Project Based Learning：プロジェク

※日本語部分は筆者加筆

図1-10　OECDのEducation 2030の枠組み[11]

ト学習）の意義に注目が集まっている。Education 2030事業では，前述のCCRの枠組みをベースにさらに必要となるコンピテンシーを2018年までに定義するとともに，2019年からはそれらのコンピテンシーをどのようなカリキュラムや教育システムで育成していくかという研究も進められる予定である。

なお，OECDのEducation 2030のホームページでは，プロジェクトの概要がプレゼンテーション動画をまじえて紹介されている（2018年1月現在では2017年5月と10月に開催された実施検討部会の要約が掲示されている）。

● SDGsと持続可能な開発のための教育（ESD）

近年，実社会とつながるプロジェクト学習の中に取り入れられるようになっ

今，なぜ協働学習が必要か？　第 1 章

ているのが，ユネスコが世界的に推進している「持続可能な開発のための教育（ESD：Education for Sustainable Development）」である。とくに，2015 年に国連で「持続可能な開発目標（Sustainable Development Goals：SDGs エスディージーズ）」が採択されたことがきっかけとなり，学校教育に ESD を導入する動きが広がっている。SDGs の前身であるミレニアム開発目標（Millennium Development Goals：MDGs，2001 年～2015 年）が発展途上国を対象に設定されていたのに対し，SDGs は先進国も含めたすべての国連加盟国に課された目標である。

	持続可能な開発目標（SDGs）の詳細
目標1（貧困）	あらゆる場所のあらゆる形態の貧困を終わらせる。
目標2（飢餓）	飢餓を終わらせ，食料安全保障及び栄養改善を実現し，持続可能な農業を促進する。
目標3（保健）	あらゆる年齢のすべての人々の健康的な生活を確保し，福祉を促進する。
目標4（教育）	すべての人に包摂的かつ公正な質の高い教育を確保し，生涯学習の機会を促進する。
目標5（ジェンダー）	ジェンダー平等を達成し，すべての女性及び女児の能力強化を行う。
目標6（水・衛生）	すべての人々の水と衛生の利用可能性と持続可能な管理を確保する。
目標7（エネルギー）	すべての人々の，安価かつ信頼できる持続可能な近代的エネルギーへのアクセスを確保する
目標8（経済成長と雇用）	包摂的かつ持続可能な経済成長及びすべての人々の完全かつ生産的な雇用と働きがいのある人間らしい雇用（ディーセント・ワーク）を促進する。
目標9（インフラ，産業化，イノベーション）	強靱（レジリエント）なインフラ構築，包摂的かつ持続可能な産業化の促進及びイノベーションの推進を図る。
目標10（不平等）	各国内及び各国間の不平等を是正する。
目標11（持続可能な都市）	包摂的で安全かつ強靱（レジリエント）で持続可能な都市及び人間居住を実現する。
目標12（持続可能な生産と消費）	持続可能な生産消費形態を確保する。
目標13（気候変動）	気候変動及びその影響を軽減するための緊急対策を講じる。
目標14（海洋資源）	持続可能な開発のために海洋・海洋資源を保全し，持続可能な形で利用する。
目標15（陸上資源）	陸域生態系の保護，回復，持続可能な利用の推進，持続可能な森林の経営，砂漠化への対処ならびに土地の劣化の阻止・回復及び生物多様性の損失を阻止する。
目標16（平和）	持続可能な開発のための平和で包摂的な社会を促進し，すべての人々に司法へのアクセスを提供し，あらゆるレベルにおいて効果的で説明責任のある包摂的な制度を構築する。
目標17（実施手段）	持続可能な開発のための実施手段を強化し，グローバル・パートナーシップを活性化する。

図 1-11　国連で採択された「持続可能な開発目標（SDGs）」の17の目標

SDGs の PR のために吉本興業の人気芸人がプロモーションを行って話題を集めたり，政府は「ジャパン SDGs アワード」を設定して 2017 年 12 月に第 1 回の受賞団体を発表，表彰するなど，社会的な認知も少しずつ高まっている。教育現場にも，SDGs の目標テーマに教科学習を連動させたプロジェクト学習や学外プログラムの実践例が広がりつつある。

中学入試の問題にも SDGs と関わる出題が増えている。日能研は 2017 年の私立中学入試で出題された SDGs と関わる問題（国・算・理・社）を分析し 17 目標と対照し学校名を挙げているが，それは 78 校にのぼる[16]。

SDGs の採択に際しては，ユニセフが SDGs 採択前から重視してきた公平性「誰ひとり，取り残さない（leaving no one left behind）」という方針が掲げられ，ダイバーシティ（多様性）＆インクルージョン（受容）を前提として，どのように多文化共生を実現していくかという大きなテーマが流れている。多様な人々が共生する持続可能な社会づくりの担い手を育てる教育が，世界の共通する目標となっている今日，地球的視野で考えながら，さまざまな課題を自らの問題として捉え，自分たちにできる身近なことから行動を起こす "Think globally, Act locally" の視点を持つ学習プログラムが今後ますます求められてくる。そして，こういった学習では，協働学習が持つ多義性（協働して学び，協働することも学ぶ）が真価を発揮できると言えるだろう。

〈引用・参考文献〉
1) ATC21S（Assessment and Teaching of Twenty-First Century Skills Project）
   http://www.atc21s.org/（2018 年 2 月 1 日アクセス）
2) グリフィン・P., マクゴー・B. ほか編，三宅なほみ監訳，益川弘如・望月俊男編訳『21世紀型スキル：学びと評価の新たなかたち』北大路書房，2014
3) CCR（Center for Curriculum Redesign）
   http://curriculumredesign.org/（2018 年 2 月 1 日アクセス）
4) ファデル・C., ビアリック・M., トリリング・B. 著，岸学監訳，関口貴裕・細川太輔編訳，東京学芸大学次世代教育研究推進機構訳『21 世紀の学習者と教育の 4 つの次元：知識，スキル，人間性，そしてメタ学習』北大路書房，2016
5) 中央教育審議会初等中等教育分科会「教育課程企画特別部会における論点整理について（報告）」教育課程企画特別部会　補足資料(4)，文部科学省，2015
6) 旺文社教育情報センター「『義務教育改革』情報　コンピテンシーと生きる力教育にお

ける"コンピテンシー"について：OECD『PISA 調査』の基本概念」旺文社，2005

http://eic.obunsha.co.jp/resource/topics/0510/1002.pdf（2018 年 2 月 1 日アクセス）

7）OECD Education 2030

http://www.oecd.org/edu/school/education-2030.htm（2018 年 2 月 1 日アクセス）

8）OECD 東北スクール

http://oecdtohokuschool.sub.jp/（2018 年 2 月 1 日アクセス）

9）OECD 日本イノベーション教育ネットワーク

https://innovativeschools.jp/（2018 年 2 月 1 日アクセス）

10）「2030 年に向けた教育の在り方に関する第 1 回日本・OECD 政策対話（報告）」中央教育審議会初等中等教育分科会教育課程部会教育課程企画特別部会（第 3 回：平成 27 年 3 月 11 日）配付資料 5，文部科学省，2015

11）文部科学大臣補佐官 鈴木寛「世界潮流の中で求められる教育の姿」（講演資料：2017 年 3 月 24 日）JICA，2017

https://www.jica.go.jp/information/seminar/2016/ku57pq00001zkt4k-att/20170324_01_02.pdf（2018 年 2 月 1 日アクセス）

12）OECD 教育研究革新センター編，有本昌弘監訳，多々納誠子・小熊利江訳『学びのイノベーション：21 世紀型学習の創発モデル』明石書店，2016

13）経済協力開発機構（OECD）編，矢倉美登里訳『図表でみる教育 OECD インディケータ 2017 年版』明石書店，2017

14）第 2 回持続可能な開発目標（SDGs）推進特別分科会　配付資料，文部科学省，2016

15）「SDGs（持続可能な開発目標）持続可能な開発のための 2030 アジェンダ」

外務省　http://www.mofa.go.jp/mofaj/gaiko/oda/about/doukou/page23_000779.html（2018 年 2 月 1 日アクセス）

16）「SDGs 国連　世界の未来を変えるための 17 の目標　2030 年までのゴール」日能研，2017

3. 学習意欲を高める協働学習

● 若年層の自尊感情

近年，日本の若者の自尊感情（Self Esteem）の低さがよく指摘される。内閣府は，2013年に日本を含む7カ国の13～29歳の若者を対象に意識調査を実施し，結果を『子ども・若者白書』平成26年版の特集として公開した。[1]その結果を見ると，「自分自身に満足している」と回答した割合は他6国と比較して日本が圧倒的に低く，年齢階級別では「16～19歳」以降が顕著に下がっている。「つまらない，やる気が出ないと感じたこと」の回答割合も「16～19歳」が高く，中学から高校へのタイミングで自分への満足感ややる気に課題を抱える場合が多いことがうかがえる。

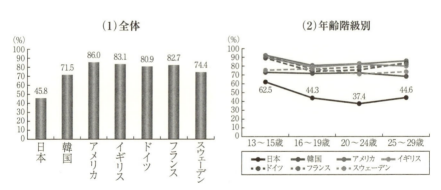

注）「次のことがらがあなた自身にどのくらいあてはまりますか。」との問いに対し，「私は，自分自身に満足している」に「そう思う」「どちらかといえばそう思う」と回答した者の割合の合計

図1-12 「自分自身に満足している」の回答比率の国際比較[1]

今，なぜ協働学習が必要か？ 第1章

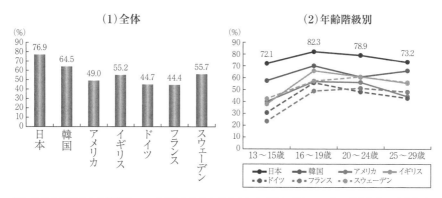

注）この1週間の心の状態について「次のような気分やことがらに関して，あてはまるものをそれぞれ1つ選んでください。」との問いに対し，「つまらない，やる気がでないと感じたこと」に「あった」「どちらかといえばあった」と回答した者の割合の合計

図1-13 「つまらない，やる気が出ないと感じたこと」の回答比率の国際比較
出典：内閣府『平成26年版　子ども・若者白書』[1)]

● 中学生から増える「勉強嫌い」

　背景にはさまざまな要素が重なっていると思われるが，ひとつの要因として中学生から増える「勉強嫌い」が挙げられる。ベネッセ教育総合研究所と東京大学社会科学研究所が2015〜2016年に実施した共同研究調査[2)]では，勉強が「好き」（「とても好き」＋「まあ好き」）の比率は，小学生（65％）から中学生（45％）にかけて約20ポイント減少し，勉強が「嫌い」（「あまり好きではない」＋「まったく好きではない」）の比率の方が高くなる（図1-14）。学年別に勉強が「好き」の比率をみると，小6生から中1生にかけてが約11ポイント，さらに中1生から中2生にかけて約12ポイント減少している。中2生以降では「好き」よりも「嫌い」が多数派となり，高1生，高2生では実に6割以上が「勉強嫌い」という状況である。成績階層別（図1-15）で見ても，成績上位・中位・下位のいずれも小6生から中2生にかけての低下傾向は共通している。前述の中高生の自尊感情ややる気の低下には，この「勉強嫌い」が増えている傾向がひとつの原因として関連している可能性が高い。

33

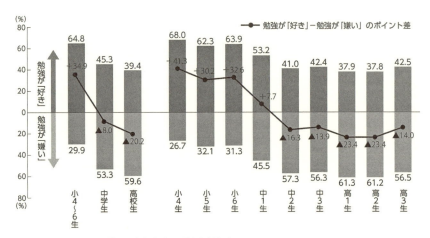

注）勉強が「好き」は，「とても好き」+「まあ好き」の％
　　勉強が「嫌い」は「あまり好きではない」+「まったく好きではない」の％

図1-14　学校段階別・学年別　勉強の「好き」「嫌い」
出典：ベネッセ教育総合研究所[2)]

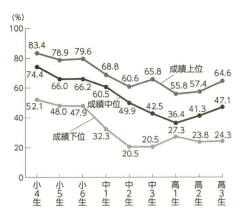

注）成績階層（上位，中位，下位）は，成績の自己評価（小学生は4教科，中高生は5教科について それぞれ5段階で回答）の総合得点を算出し，学校段階ごとに人数が均等になるように，「成績上位」「成績中位」「成績下位」の3つに分類

図1-15　成績階層別　勉強が「好き」の比率
出典：ベネッセ教育総合研究所[2)]

今，なぜ協働学習が必要か？　第1章

● 学習内容と学習意欲の関係

　この調査ではさらに，1年前に比べて勉強が「嫌いから好き」になった対象者と「嫌いなまま」の対象者とに分け，この1年間での学校の授業についての設問項目とのクロス集計を行っている（図1-16）。その結果によると，勉強が「嫌いから好き」になった子どもは「嫌いなまま」の子どもより，「調べたり考えたりしたことを発表する」「学校の先生以外の人の話を聞く」といった授業があったと回答している。報告書では，学校の授業でどのような経験をしているかが子どもの学習意欲と結びついているのではないかと考察されている。

　また，国立教育政策研究所の「全国学力・学習状況調査」の平成25年度版では「学校の指導状況」と「学習意欲」のクロス集計がされ，学習意欲に関係が見られた指導項目が挙げられている[3)4)]（表1-2，表1-3）。この集計結果でも，普段の授業で話し合いや発表の機会を多く持ち，「総合的な学習の時間」に調べ学習等に取り組んでいるほど，学習意欲につながっていることが推察できる。

　これらの調査結果から推察できるのは，自尊感情や学習意欲が低迷しやすい中高生の時期でも，学ぶ楽しさが感じられる授業を経験したり，話し合いや発表，学外の人に会うなどの機会を持ったりすることによって，学習意欲が高まる可能性があるということだ。前述のCCRの指摘でも，協働学習は学習者にポジティブな作用をもたらすことが挙げられているが，日本の子どもたちの学習意欲にも同様の期待ができる。中学生以降の「勉強嫌い」を「好き」に変え，学習意欲が高まり，それ以降にも生涯学び続ける姿勢を持てるかどうかの鍵を，協働学習を含むアクティブ・ラーニング（主体的・対話的で深い学び）が握る。

　なお，ベネッセが2016年に小・中・高校の教員を対象に実施した調査[5)]（図1-17）では，「心がけている授業方法」を13項目についてたずねたところ，もっとも意識している授業方法（「多くするように特に心がけている」と回答した％）は，小・中学校教員では「児童・生徒どうしの話し合い」や「グループ活動」であった。「グループ活動を取り入れた授業」は小・中・高校ともに2010年比で増えている（図1-18）。次期学習指導要領に向けた教員の意識や学校の対応状況がうかがえるが，調査の考察では「授業方法に対する意識の変化

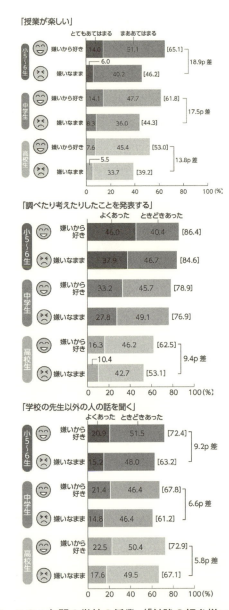

図1-16 この1年間の学校の授業(「勉強の好き嫌い」変化別)
出典:ベネッセ教育総合研究所[2)]

今，なぜ協働学習が必要か？　第**1**章

表1-2　〈小学生〉学校の指導状況と児童の学習意欲で関係の見られた項目の組み合わせ [3]

学校の指導状況に関する項目	児童の学習意欲に関する項目
普段の授業では，はじめに授業の目標（めあて・ねらい）が示されていると思いますか	国ii・iii，算ii・iii・vi
普段の授業では，最後に学習内容を振り返る活動をよく行っていると思いますか	国ii・iii，算iii・vi
普段の授業では，学級の友達との間で話し合う活動をよく行っていると思いますか	国ii・iii，算vi
普段の授業では，自分の考えを発表する機会が与えられていると思いますか	国i〜iv，算i〜vi
「総合的な学習の時間」では，自分で課題を立てて情報を集め整理して，調べたことを発表するなどの学習活動に取り組んでいますか	国i〜iv，算ii〜vi

※「児童の学習意欲に関する項目」の番号は以下の項目に対応
　国i：国語の勉強は好きですか
　国ii：国語の勉強は大切だと思いますか
　国iii：国語の授業で学習したことは，将来，社会に出たときに役に立つと思いますか
　国iv：今回の国語の問題について，解答を文章で書く問題がありましたが，どのように解答しましたか
　算i：算数の勉強は好きですか
　算ii：算数の勉強は大切だと思いますか
　算iii：算数の授業で学習したことは，将来，社会に出たときに役に立つと思いますか
　算iv：今回の算数の問題について，言葉や式を使って，わけや求め方を書く問題がありましたが，どのように解答しましたか
　算v：算数の授業で新しい問題に出合ったとき，それを解いてみたいと思いますか
　算vi：算数の問題の解き方が分からないときは，諦めずにいろいろな方法を考えますか

表1-3　〈中学生〉学校の指導状況と生徒の学習意欲で関係の見られた項目の組み合わせ [4]

学校の指導状況に関する項目	生徒の学習意欲に関する項目
普段の授業では，はじめに授業の目標（めあて・ねらい）が示されていると思いますか	国i・ii，数ii
普段の授業では，生徒の間で話し合う活動をよく行っていると思いますか	国ii
普段の授業では，自分の考えを発表する機会が与えられていると思いますか	国i・ii，数i・iii
「総合的な学習の時間」では，自分で課題を立てて情報を集め整理して，調べたことを発表するなどの学習活動に取り組んでいますか	国i・ii，数iii

※「生徒の学習意欲に関する項目」の番号は以下の項目に対応
　国i：国語の勉強は大切だと思いますか
　国ii：国語の授業で学習したことは，将来，社会に出たときに役に立つと思いますか
　数i：数学の勉強は大切だと思いますか
　数ii：数学の授業で学習したことは，将来，社会に出たときに役に立つと思いますか
　数iii：数学の問題の解き方が分からないときは，諦めずにいろいろな方法を考えますか

出典：表1-2，表1-3共に国立教育政策研究所「平成25年度　全国学力・学習状況調査報告書」

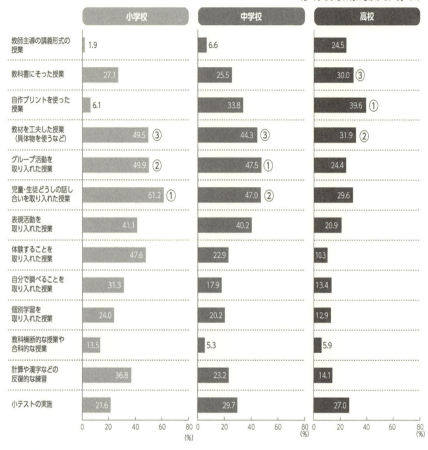

注1) 選択肢は「多くするように特に心がけている」「まあ心がけている」「あまり心がけていない」の3択
注2) 各学校段階別に上位3位までを①〜③と表示している

図1-17 心がけている授業方法（学校段階別・2016年）
出典：ベネッセ教育総合研究所[5)]

はグループ学習が増加しているものの，他の能動的な学習方法にはさほど変化がみられず，生徒どうしの学び合いだけに意識が高まっている傾向」がみられ，「主体的・対話的で深い学び」に資する授業方法の必要性が記されている。

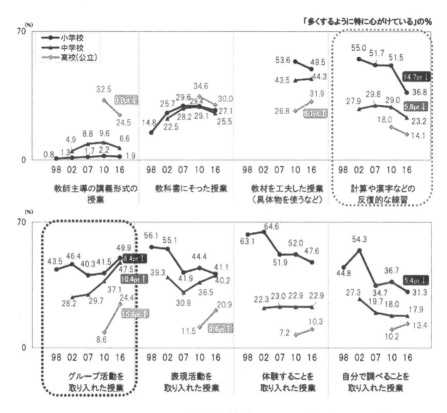

図1-18 心がけている授業方法（学校段階別・経年比較・8項目）
出典：ベネッセ教育総合研究所 5)

〈引用・参考文献〉
1)『平成26年版 子ども・若者白書（全体版）：特集 今を生きる若者の意識〜国際比較から見えてくるもの〜』内閣府，2014，pp. 79-80
　http://www8.cao.go.jp/youth/whitepaper/h26honpen/pdf/tokushu_01_01.pdf
　（2018年2月1日アクセス）

2）ベネッセ教育総合研究所・東京大学社会科学研究所「速報版　子どもの生活と学びに関する親子調査 2015-2016：親子パネル調査にみる意識と実態の変化」2016
3）文部科学省国立教育政策研究所「平成 25 年度　全国学力・学習状況調査報告書　クロス集計」国立教育政策研究所，2013，pp. 41-42
4）前掲 3）p. 78
5）ベネッセ教育総合研究所『第 6 回学習指導基本調査 DATA BOOK（小学校・中学校版）』2016

今，なぜ協働学習が必要か？ 第1章

4．生涯学び続けることを求められる時代

● VUCA ワールドの時代

　ひと頃から企業経営や人材育成の議論の場で用いられるようになった言葉に「VUCA（ブーカ）」が挙げられる。これは，予測困難で混迷を極める時代認識を表す言葉であり，Volatility（不安定），Uncertainty（不確実），Complexity（複雑），Ambiguity（あいまい）の頭文字をとったものである。米国で1990年代に冷戦終結後の国際情勢を表す軍事用語として使われ始めたものが，2010年代に入ってから時代を評した用語として使われるようになり，2014年に米国で開催された ASTD（American Society for Training & Development：米国人財開発機構）国際大会でも多く引用されたキーワードである[1]。この他にも世界経済フォーラム（ダボス会議）などの場でも頻出している。

　VUCA の時代を反映して，実社会の仕事内容にも変化が生じている。OECDのデータでは，1998年を起点とした雇用の動向において，図1-19のように高い問題解決能力を要する職業の雇用が格段に増えている。雇用の現場では，従

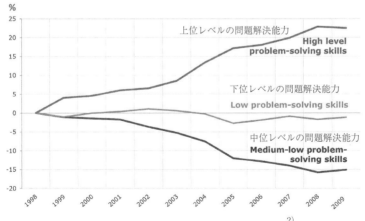

図1-19　問題解決能力別の職業群の雇用推移[2]

出典：OECD

来以上に複雑な問題を解決できる能力を持つ人材が必要とされているのだ。

● AI ブームと人間に残る仕事

　このような仕事の質の変化とともに，近年メディアでも多く語られる議論が「機械は人の仕事を奪うのか？」というテーマである。論争の大きなきっかけになったのは，2013 年にオックスフォード大学のカール・ベネディクト・フライとマイケル・A・オズボーンが発表した論文 "THE FUTURE OF EMPLOYMENT: HOW SUSCEPTIBLE ARE JOBS TO COMPUTERISATION?"（雇用の未来：いかに仕事はコンピュータ化されていくのか？[3]）である。

　この論文では，米国労働省が定めている 702 職種について，社会性，創造性，知覚操作等の項目をもとにコンピューターへの代替の可能性を分析した結果，米国の雇用者の 47％にあたる職種において今後 10〜20 年以内に代替可能性があると示した。その後も技術革新が労働市場に与える影響に関する研究は相次ぎ，とくに進化著しい AI（Artificial Intelligence：人工知能）の話題とともに「AI に奪われる仕事」「人間に残る仕事」という文脈の議論が増えている。

表 1-4　AI 開発の歴史[4]

	時期	キーワード	技術	開発の型	正確性	活用場面
第 1 次ブーム	1950 年代後半〜1960 年代	論理	アルゴリズム	詰め込み教育型	高	小
第 2 次ブーム	1980 年代	知識（＋論理）	知識ベース＋推論エンジン		中	中
第 3 次ブーム	2000 年代後半〜	学習（統計）	機械学習	アクティブラーニング型	低	大
			ディープラーニング			

　過去にも AI のブームがあったが，近年はディープラーニング（深層学習）という手法によって，脳の認知メカニズムと同様の仕組み（ニューラルネットワーク）で機械が自ら加速的に学ぶ点が従来と大きく異なると言われている。

　日本では 2015 年 12 月に発表された野村総合研究所のレポート[6]が大きな注目

を集めた。「日本の労働人口の 49％が 10〜20 年後に人工知能（AI）やロボット等に代替可能になる」との予測がなされ，AI やロボット等による代替可能性が高い職業と低い職業が 100 種ずつ提示されたのだ（表 1-5 参照）。このレポートは前出の論文 "THE FUTURE OF EMPLOYMENT" と同様の手法で，日本国内の 601 種類の職業についてコンピューター技術による代替確率を試算している。この予測手法や精度をめぐっては専門家の間でさまざまな見解が出ているが，中長期の視点で労働市場のバランスや流動性を検討していかなければならないほどのインパクトがあることは確実であろう。

　では，レポートの中では，どのような仕事要素が人間には残ると指摘されているだろうか。本レポートでは，「<u>創造性，協調性</u>が必要な業務や，<u>非定型な業務</u>は，将来においても人が担う」「芸術，歴史学・考古学，哲学・神学など<u>抽象的な概念を整理・創出</u>するための知識が要求される職業，<u>他者との協調</u>や，<u>他者の理解，説得，ネゴシエーション，サービス志向性</u>が求められる職業は，人工知能等での代替は難しい傾向」[5]（下線は筆者）と述べられている。いずれも，人とのコミュニケーションやメタ学習によって深めていく能力と言える。AI の専門家で駒澤大学経済学部の井上智洋准教授も，AI での代替が難しい仕事は「クリエイティブ系」「マネジメント系」「ホスピタリティ系」であると述べている。[4][6]

　予測されている未来が 10〜20 年後ということは，現在の労働人口にもインパクトを与える変化であるため，子どもの教育ばかりではなく，社会人の学びでもこのような能力を引き出す機会が増えていくことが望まれる。多くの雇用を抱える企業の人材育成や，社会人が任意で学び直せる制度の中に，こういった能力開発をどのように進めていくのかが今後の課題となってくるだろう。

43

表1-5　人工知能やロボット等による代替可能性が高い 100 種の職業

（50 音順，並びは代替可能性確率とは無関係）

※職業名は、労働政策研究・研修機構「職務構造に関する研究」に対応

ＩＣ生産オペレーター	こん包工	電子計算機保守員（ＩＴ保守員）
一般事務員	サッシ工	電子部品製造工
鋳物工	産業廃棄物収集運搬作業員	電車運転士
医療事務員	紙器製造工	道路パトロール隊員
受付係	自動車組立工	日用品修理ショップ店員
ＡＶ・通信機器組立・修理工	自動車塗装工	バイク便配達員
駅務員	出荷・発送係員	発電員
ＮＣ研削盤工	じんかい収集作業員	非破壊検査員
ＮＣ旋盤工	人事係事務員	ビル施設管理技術者
会計監査係員	新聞配達員	ビル清掃員
加工紙製造工	診療情報管理士	物品購買事務員
貸付係事務員	水産ねり製品製造工	プラスチック製品成形工
学校事務員	スーパー店員	プロセス製版オペレーター
カメラ組立工	生産現場事務員	ボイラーオペレーター
機械木工	製パン工	貿易事務員
寄宿舎・寮・マンション管理人	製粉工	包装作業員
ＣＡＤオペレーター	製本作業員	保管・管理係員
給食調理人	清涼飲料ルートセールス員	保険事務員
教育・研修事務員	石油精製オペレーター	ホテル客室係
行政事務員（国）	セメント生産オペレーター	マシニングセンター・オペレーター
行政事務員（県市町村）	繊維製品検査工	ミシン縫製工
銀行窓口係	倉庫作業員	めっき工
金属加工・金属製品検査工	惣菜製造工	めん類製造工
金属研磨工	測量士	郵便外務員
金属材料製造検査工	宝くじ販売人	郵便事務員
金属熱処理工	タクシー運転者	有料道路料金収受員
金属プレス工	宅配便配達員	レジ係
クリーニング取次店員	鍛造工	列車清掃員
計器組立工	駐車場管理人	レンタカー営業所員
警備員	通関士	路線バス運転者
経理事務員	通信販売受付事務員	
検収・検品係員	積卸作業員	
検針員	データ入力係	
建設作業員	電気通信技術者	
ゴム製品成形工（タイヤ成形を除く）	電算写植オペレーター	

出典：野村総合研究所[5)]

今，なぜ協働学習が必要か？　第❶章

表1-6　人工知能やロボット等による代替可能性が低い100種の職業

（50音順，並びは代替可能性確率とは無関係）

※職業名は、労働政策研究・研修機構「職務構造に関する研究」に対応

アートディレクター	児童厚生員	バーテンダー
アウトドアインストラクター	シナリオライター	俳優
アナウンサー	社会学研究者	はり師・きゅう師
アロマセラピスト	社会教育主事	美容師
犬訓練士	社会福祉施設介護職員	評論家
医療ソーシャルワーカー	社会福祉施設指導員	ファッションデザイナー
インテリアコーディネーター	獣医師	フードコーディネーター
インテリアデザイナー	柔道整復師	舞台演出家
映画カメラマン	ジュエリーデザイナー	舞台美術家
映画監督	小学校教員	フラワーデザイナー
エコノミスト	商業カメラマン	フリーライター
音楽教室講師	小児科医	プロデューサー
学芸員	商品開発部員	ペンション経営者
学校カウンセラー	助産師	保育士
観光バスガイド	心理学研究者	放送記者
教育カウンセラー	人類学者	放送ディレクター
クラシック演奏家	スタイリスト	報道カメラマン
グラフィックデザイナー	スポーツインストラクター	法務教官
ケアマネージャー	スポーツライター	マーケティング・リサーチャー
経営コンサルタント	声楽家	マンガ家
芸能マネージャー	精神科医	ミュージシャン
ゲームクリエーター	ソムリエ	メイクアップアーティスト
外科医	大学・短期大学教員	盲・ろう・養護学校教員
言語聴覚士	中学校教員	幼稚園教員
工業デザイナー	中小企業診断士	理学療法士
広告ディレクター	ツアーコンダクター	料理研究家
国際協力専門家	ディスクジョッキー	旅行会社カウンター係
コピーライター	ディスプレイデザイナー	レコードプロデューサー
作業療法士	デスク	レストラン支配人
作詞家	テレビカメラマン	録音エンジニア
作曲家	テレビタレント	
雑誌編集者	図書編集者	
産業カウンセラー	内科医	
産婦人科医	日本語教師	
歯科医師	ネイル・アーティスト	

出典：野村総合研究所[5)]

● 長寿命化と生涯学習

　ICT による技術革新とともに，社会の様相を大きく変えるのが急激な少子高齢化だ。平均寿命が伸び続ける長寿命化社会において個人がどのように生きていくべきかの示唆を与えた書籍『LIFE SHIFT：100 年時代の人生戦略』（原書は *The 100-Year Life: Living and Working in an Age of Longevity*，リンダ・グラットン，アンドリュー・スコット著，2016）は日本でベストセラーとなり，注目を集めた。この中では，日本で 2007 年に生まれた子どもの半数は 107 歳より長く生きると推計されている。そして，80 歳程度の平均寿命を前提に「教育」「仕事」「引退」の３段階で設計されているライフコースは長寿命化によって困難になるため，生涯にわたって現役で働き続けることを前提にして自分らしい生き方を真剣に考え積極的に学ぶことを提案している。[7]

　日本政府は，2017 年９月から「人生 100 年時代構想会議」をスタートさせ，世代横断的に「人への投資」の議論を重ねている。子どもたちが経済事情にかかわらず教育機会を得られるような教育の無償化を検討しているほか，人生 100 年時代を見据えて何歳になっても学び直しができるようにリカレント教育の整備も提案されている。なお，社会人の学び直しを対象としたプログラムについては，これまでも専門職大学院，大学の科目等履修制度（科目単位で大学で履修ができる制度）や職業実践力育成プログラム（BP：Brush up Program for professional），など，いろいろなメニューが増えてきている（表 1-7）。

　一方，日本の雇用環境では「（休職や退職ではなく）働きながら学ぶ」ことが前提になる場合が多く，学費と時間を工面してまで学びたいと思う人は一部に限られ，明確な履修動機（失業，収入アップのための転職，仕事上必要な資格取得など）がない限りはなかなか踏み込めないのが現実だ。新卒の正社員を一括採用し社内での業務経験を積んで人材育成していくという「日本型雇用システム」は，一部に崩壊したと言われるものの大手企業を中心に依然根強い。その恩恵にあずかりにくい非正規雇用における学習機会の不平等をなくすためにも，個人のキャリア形成上に必要な学びを，誰もがそのステータスにかかわらず実践できるようにするには，どうしたら良いか。リクルートワークス研究

表 1-7 社会人の学び直し

年　　度	大学・大学院の社会人向けサービスの広がり
1998 以前	科目等履修生制度（1991〜），昼夜開講制（1995〜）
1999（平 11）	通信制大学院（修士課程）
2000（平 12）	大学院修士・専門職学位過程の短期在学コース・長期在学コース（年限の弾力化）
2001（平 13）	通信制学部でインターネット等による授業を可能とする制度改正
2002（平 14）	長期履修学生制度（修業年限を超えて履修が可能）
2003（平 15）	専門職大学院　／　通信制大学院（博士課程）　／　サテライト教室
2004（平 16）	
2005（平 17）	連合大学院（2 以上の大学が協力して教育研究を行う研究科を置く大学）
2006（平 18）	
2007（平 19）	履修証明制度（大学，大学院，短大，高専門，専門学校）スタート
2008（平 20）	社会人の学び直しニーズ対応教育推進プログラム（「大学・専修学校等における再チャレンジ支援推進プラン」 GP：Good Practice として実施）
2009（平 21）	法科大学院の見直し（質確保，募集定員減）
2010（平 22）	
2011（平 23）	
2012（平 24）	
2013（平 25）	
2014（平 26）	高度人材養成のための社会人学び直し大学院プログラム（事業期間 最大 3 年）
2015（平 27）	職業実践力育成プログラム（BP）認定制度
2016（平 28）	
2017（平 29）	
2018（平 30）	
2019	専門職大学・専門職短期大学　大学・短大の専門職学科
2020	

所の石原直子主任研究員は，企業の外に学びのプラットフォームを構築する必要性と，特に職業能力に関わる「学び」のあり方について以下のように変えることを提案している。[8]

(1)　大学・大学院などが「職業能力」に直結する学びを提供できるようになる

(2)　大学・大学院などの高等教育の無償化と短期化

(3)　企業から大学への「知の還流」の仕組みの構築

(4)　就労者が，キャリアの途中で「学びに行く」ことを可能にする人事制度や労働契約の仕組みの構築

(1) の職業能力に直結する実践的な学びについては，下図のように企業の期待と大学の認識に差が見られる。この間を埋めるような動きとして，2019 年 4

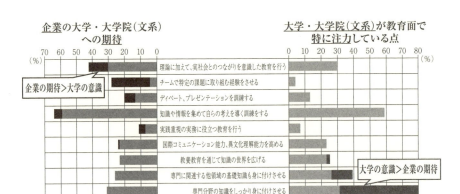

※色の濃い部分が企業と大学の認識の差

図1-20 大学教育と企業の求める教育内容の差[9]

(資料) 新たな未来を築くための大学教育の質的転換に向けて (平成24年8月28日中央教育審議会答申) に基づき作成
(日本経団連教育問題委員会「企業の求める人材像についてのアンケート結果」2004年11月8日公表)

月から「専門職大学・専門職短期大学」が開設される。これは2017年に成立した改正学校教育法に基づいて認可・設置されるもので、産学が連携して成長分野における即戦力人材の育成を目指す高等教育機関として期待される。

専門職大学・専門職短期大学では、実務経験のある教員を多く任用し、社会の要請に対応した実践的な教育を展開している特徴がある。初年度 (2019年4月) の開設申請は16校で、2018年秋までに開設可否が決まる。2020年4月開設で申請予定の「i専門職大学 (仮称)」(学校法人電子学園) は、東京都墨田区と連携協定を結び墨田区内の学校跡地にキャンパスを構え、ICT、英語、ビジネスリテラシーを軸に学び、学生全員が起業を目指す実践的な職業教育を行う予定という。[10] 文部科学省は、専門職大学の趣旨を既存の大学の中にも活かし同様の実践的な学科を設置できる「専門職学科」の制度も新設した。[11] 18歳人口の減少と生涯学習の必要性の高まりから、大学に求められる役割は、社会人の学習機会の提供へと広がっている。その成否は前述の石原氏が提示した (2)〜(4) の項目が鍵を握っているであろう。

今，なぜ協働学習が必要か？　第 **1** 章

● 「計画された偶発性」をもたらす学び場

　一方，社会人にとっては大学へ通うほどの経済的・時間的な負担をかけずにもっと身近な学習手段で学ぶ場合が多い。学び事・習い事を直近の１年以内にしたことがある全国の働く男女（20〜64歳）を対象に実施した調査では，学んだ手段について，男女・年齢層を問わず「スクール・教室に通学」と回答した人が共通に多く，「大学・大学院」と回答した人はもっとも多い男性20〜34歳でも 5.0％にとどまる。この調査で，さらにミドル（35〜49歳）層の男女の学んだ内容を見てみると，男女ともに「英語」を学んでいる人がもっとも多い点は共通しているが，それ以外は男女でそれぞれ異なる。一方，学ぶ目的の上位２項目は男女に共通で，「教養・知識を深めるため（女性33.3％，男性33.0％）」，「仕事のため（女性22.4％，男性42.6％）」となっている（表1-8〜1-10）。

　筆者は前職で，スクールや教室で学んだ後に転職や起業などの転身に成功した人に取材する機会が多かったが，学び始めた当初の理由をたずねると，当初から明確な意志をもっている人もいるものの，最初はふとしたことがきっかけで学び始め，学んでいるうちに出会った人々との縁や広がった興味から転身している場合が少なくなかった。なかには，趣味から始めたことが周囲から高い評価を得て，上位のプロ技術を学び仕事になったというケースも少なくない。つまり，当初から明確なゴールを設定していなくとも，学びの接点で出会う情報や人を介して仕事上の転機となることがあるのだ。学びの場には，共通の関心や問題意識を有する人が集まるため，自宅や職場とは異なる，第３の居場所（サード・プレイス）になる場合もある。

　キャリア理論のひとつに，スタンフォード大学のジョン・D・クランボルツ教授が提唱した「計画された偶発性理論」（Planned Happenstance Theory）がある。成功したビジネスパーソンのキャリアを分析し，そのキャリアの８割は当初から予想していなかった偶発的な出来事によって決定されているが，それは完全な偶発性ではなく，偶然をチャンスに変えるうえでの行動特性（Curiosity 好奇心，Persistence 持続性，Flexibility 柔軟性，Optimism 楽観性，Risk Taking 冒険心）が存在し，「幸運は偶然ではない（Luck is No Accident）」という結論に

49

表1-8　男女・年齢帯別　学んだ手段 [12]

	女性 回答率（%）			男性 回答率（%）		
	20-34歳	35-49歳	50-64歳	20-34歳	35-49歳	50-64歳
スクール・教室に通学	58.9	55.2	58.7	40.9	47.8	44.7
独学（書籍など）	16.6	14.8	13.9	26.3	27.8	18.8
通信講座	18.7	16.2	12.5	20.8	18.2	17.8
ジム、フィットネスクラブ	19.7	19.0	13.5	11.8	8.6	9.1
カルチャーセンター	6.8	10.5	19.2	5.6	4.8	10.6
スマホ・PCでの動画視聴	4.8	5.2	2.9	7.7	5.3	4.8
その他インターネット	2.1	2.4	2.4	5.8	5.3	7.2
テレビ	1.9	3.3	2.4	4.8	7.2	2.4
ＤＶＤ・ビデオ	2.3	2.9	3.4	5.0	4.3	2.4
大学・大学院	1.7	1.9	2.9	5.0	1.9	3.8
スマートフォンやタブレットのアプリ	2.3	1.9	2.4	6.8	2.4	1.0
スマホ・PCでのオンライン教授	2.7	1.9	1.9	3.9	4.3	1.9
自宅などに講師派遣	1.5	2.4	4.8	2.3	2.4	2.4
ラジオ	2.5	1.4	3.4	3.1	2.9	2.4
大学の公開講座	1.7	0.5	2.9	2.1	1.4	1.4
専門学校	1.7	1.0	0.5	3.1	0.5	2.9
DS、Wiiなどのゲーム	0.4	0.0	0.0	1.7	1.4	1.0
留学	1.0	1.4	0.0	0.6	0.5	0.5
その他	5.0	8.6	5.8	3.1	6.2	9.1

表1-9　女性ミドル層（35～49歳）が学んだ内容と学ぶ目的 [12]

■この1年間に実施した学び事・習い事 ベスト20（複数回答）

順位			この1年間に実施した学び事・習い事
15年	14年	13年	35～49歳女性
1位	1位	1位	英語
1位	2位	2位	ヨガ・ピラティス
3位	4位	3位	フィットネスクラブ
4位	6位	4位	簿記
5位	10位	7位	ワード・エクセル
5位	3位	4位	家庭料理
7位	7位	11位	医療（看護・医療事務など）
7位	5位	7位	パン
9位	8位	14位	お菓子
9位	8位	9位	生け花
11位	21位	23位	韓国語
12位	16位	16位	ピアノ
12位	11位	14位	書道
14位	12位	7位	茶道（抹茶）
14位	29位	36位	プリザーブドフラワー
16位	16位	16位	ファイナンシャルプランナー
16位	14位	12位	エアロビクス・ボクササイズ
16位	12位	9位	着付け
19位	31位	21位	絵画
19位	38位	26位	フランス語
19位	22位	19位	アロマテラピー
19位	19位	28位	ホームヘルパー

■学び事・習い事を実施した目的（複数回答※3つまで）

学び事・習い事の目的	回答率（%）
教養・知識を深めるため	33.3
仕事のため	22.4
プライベートを充実させるため	21.9
レベルアップのため	21.9
好きなことに没頭するため	21.4
ストレス発散・気分転換のため	20.5
健康のため	15.7
将来に備えるため	13.3
就職・転職のため	12.4
特技を作るため	11.9
人との出会いづくりのため	7.6
美容のため	6.2
独立・起業のため	5.2
ダイエットのため	3.3
その他	1.4

今，なぜ協働学習が必要か？　第1章

表 1-10　男性ミドル層（35～49 歳）が学んだ内容と学ぶ目的 [12)]

■この1年間に実施した学び事・習い事 ベスト20（複数回答）

順位			この1年間に実施した学び事・習い事
15年	14年	13年	35～49歳男性
1 位	1 位	1 位	英語
2 位	2 位	3 位	簿記
3 位	4 位	7 位	ゴルフ
4 位	3 位	2 位	フィットネスクラブ
5 位	6 位	6 位	ワード・エクセル
6 位	5 位	4 位	ファイナンシャルプランナー
6 位	11 位	10 位	テニス
6 位	11 位	14 位	社会保険労務士
9 位	7 位	5 位	宅地建物取引主任者（現宅地建物取引士）
9 位	14 位	9 位	行政書士
11 位	20 位	17 位	税理士
12 位	10 位	21 位	ピアノ
13 位	19 位	24 位	ヨガ・ピラティス
13 位	9 位	16 位	WEBクリエイティブ
13 位	8 位	8 位	SE・プログラマ
13 位	※		空手
13 位	13 位	31 位	司法書士
13 位	24 位	40 位	護身術
19 位	37 位	24 位	書道
19 位	34 位	31 位	韓国語
19 位	20 位	15 位	ギター
19 位	42 位	59 位	スペイン語
19 位	17 位	13 位	CAD
19 位	34 位	28 位	アクセス

■学び事・習い事 を
実施した目的（複数回答※3つまで）

学び事・習い事の目的	回答率（%）
仕事のため	42.6
教養・知識を深めるため	33.0
レベルアップのため	23.9
将来に備えるため	18.7
就職・転職のため	15.8
プライベートを充実させるため	14.8
ストレス発散・気分転換のため	12.9
好きなことに没頭するため	12.0
特技を作るため	8.1
独立・起業のため	7.7
健康のため	7.2
人との出会いづくりのため	5.3
ダイエットのため	1.4
その他	1.0

出典：表 1-8，1-9，1-10 共にリクルートマーケティングパートナーズ [12)]

至っている[13)]。このような計画された偶発性が生まれる場所として，社会人の学びの場は大きな意味を持つ。多文化共生社会での他者との接点づくりを考えるうえでも，人と人とのつながりには何らかの信頼関係や共感の接点が必要である。学校という枠組みのない社会人が職場や地域以外の人と緩やかに繋がっていくうえでは，学びの場が繋ぐ縁やそこに生まれる協働学習には，個人にも社会にも大きな意義があると考える。

〈引用・参考文献〉

1) 「世界の人材開発の潮流を読み解く：2014 年 ASTD 国際大会レポートより」リクルート
マネジメント ソリューションズ，2014
https://www.recruit-ms.co.jp/issue/feature/0000000119/2/（2018 年 2 月 1 日アクセス）

2) 「2030 年に向けた教育の在り方に関する第 2 回日本・OECD 政策対話（報告）」中央教育
審議会（平成 27 年 7 月 28 日），文部科学省，2015

3) Carl Benedikt Frey, Michael A. Osborne "THE FUTURE OF EMPLOYMENT: HOW
SUSCEPTIBLE ARE JOBS TO COMPUTERISATION?", Creativity & Cognition con-
ference, June 2007.

https://www.oxfordmartin.ox.ac.uk/downloads/academic/The_Future_of_Employment.pdf
（2018 年 2 月 1 日アクセス）
4) 「革命？幻想？ AI 狂想曲」『HR MICS』vol.28，リクルートキャリア，2017
5) 「日本の労働人口の 49％が人工知能やロボット等で代替可能に：601 種の職業ごとに，
コンピューター技術による代替確率を試算」野村総合研究所，2015
https://www.nri.com/jp/news/2015/151202_1.aspx（2018 年 2 月 1 日アクセス）
6) 井上智洋『人工知能と経済の未来 2030 年雇用大崩壊』文藝春秋，2016
7) リンダ・グラットン，アンドリュー・スコット著，池村千秋訳『LIFE SHIFT：100 年
時代の人生戦略』東洋経済新報社，2016
8) 石原直子「『大人が学び続ける社会』へ。企業の外にプラットフォームを構築せよ」リ
クルートワークス研究所，2017
http://www.works-i.com/column/sekaikan/% E7% 9F% B3% E5% 8E% 9F% E7% 9B
% B4% E5% AD% 90/（2018 年 2 月 1 日アクセス）
9) 人生 100 年時代構想会議 中間報告 参考資料，首相官邸，2017
10) i 専門職大学　https://www.i-u.ac.jp/（2018 年 2 月 1 日アクセス）
11) 専門職大学等の制度化に関する説明会（平成 29 年 11 月 6 日）資料，文部科学省，2017
12) 「～『この 1 年間に経験した』＆『今後やってみたい』学び事・習い事～ケイコとマナ
ブ 2016 年度人気おケイコランキング（ミドル・シニア編）～」リクルートマーケティ
ングパートナーズ，2017
13) クランボルツ・J. D.，レヴィン・A. S. 著，花田光世・大木紀子・宮地夕紀子訳『その幸
運は偶然ではないんです！Luck is No Accident』ダイヤモンド社，2005

第2章 社会に広がる協働学習
~ケーススタディから学ぶヒント~

　多面的な学習効果が期待される協働学習は，教育機関だけではなく社会のさまざまな場面で実践されている。本章では，学校，企業，地域に広がる協働学習の実践例を，学習者に生まれる気づきや変化，あるいは場の運営側が意図している学習デザインに着目して紹介する。そして，それぞれのケーススタディから他の学びの場にも応用できるヒントを探ってみる。

1. 多様性受容力と思考力を育む ~初等・中等教育から~

事例1-1　キンダリーインターナショナル（民間学童保育）

● 子どもの多面的な知能の能力開発に着目するプログラム

　子育て世代の共働き世帯が増えて学童保育のニーズが高まるに伴い，都市部を中心に民間が運営する学童保育が増えている。自治体による学童保育が遊びを中心とした見守りを基本としているのに対して，民間学童保育では学習サポートや独自のプログラムで付加価値を高めて差別化をはかる場合が多い。ここで紹介するキンダリーインターナショナル（運営は一般社団法人子供教育創造機構：東京都中央区）もそのひとつで，2013年の設立時から21世紀型アフタースクールというコンセプトで運営されている。プログラムの中心は，ハーバード大学のハワード・ガードナー教授が唱えた多重知能（MI：Multiple Intelligence）理論をもとに独自に開発された「MiEP（Multiple Intelligence Education & Play）」だ。多重知能理論では，人間の知能は8領域（言語的知能，数学的・論理的知能，空間的・視覚的知能，身体的・運動的知能，リズム・音楽的知能，対人関係の知能，内観の知能，自然・環境の知能）に分類されている。[1]

53

MiEP はこの 8 つの知能を楽しく学びながら育めるよう，日替わりでプログラムが用意されており，それぞれのプログラムは 8 領域のどの知能に対応しているかも明示されている。また，MiEP の全プログラムに共通して 21 世紀型スキルの 4C [※] の涵養が重視されている。

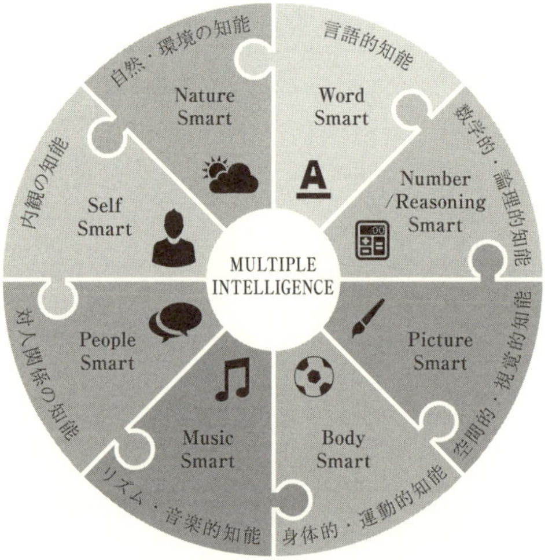

〈21 世紀型スキルの 4C〉

・Creativity（創造性）

・Critical Thinking
　（批判的思考）

・Communication（コミュニケーション）

・Collaboration（協働）

図 2-1　キンダリーインターナショナルが採用している多重知能理論の 8 領域

　（※）4C（もしくは 4Cs）は，米国の非営利団体「P21（Partnership for 21st Century Skills)」が 21 世紀型スキルの中でとくに重要と挙げている 4 要素 [2]

　各児童の学童保育での活動の様子は，この 4C と MI の 8 領域の能力の伸びを中心に，保護者へ学期末ごとにフィードバックされている。

● 「納得解」の導き方を自分たちで探求する　〜ディベートの様子から〜

　MiEP のプログラムの中で月 1〜2 回の頻度で設定されているものに「ディベート」がある。小学校低学年の子どもが多くを占める学童保育でどのようにディベートが成立するものなのか，ある日のディベートの様子を紹介しよう。この日のテーマは「生まれ変わるなら象の方が幸せか？ハチの方が幸せか？」だった。この正解のない問いについて，児童は 3 チームに分かれチーム全体の意見としてまとめたうえで全体発表を行う。この日はチームの「立論」をまと

社会に広がる協働学習　第❷章

め全体発表するまでがゴールだった。最初に「りつろん」と書かれたシートが全員に配られ，これを埋める個人作業から始まった。この記入以降の進め方はチームに任され，ファシリテーターは話し合いの見守りに徹する。記入が終わると，子どもたちはチームごとにホワイトボードを囲んで各自の立論を共有し，その中からどれをチームの意見として選ぶかについて話し合いを始めた。

　決め方についてファシリテーターから指示をしていないため，この話し合いの中で子どもたちはチームでの合意形成のはかり方を学んでいく。類似の主張を皆で確認しながらグループ化したり，主張内容がよく理解できない意見には

写真 2-1　キンダリーインターナショナルでのディベートの様子

55

写真2-2 ディベートでの意見調整の様子

周囲がさらに質問することによって意図を汲み取ったりするなどのコミュニケーションがとられていた。そして，あるチームでは，多数決で主張の順位づけを行ったうえで，さらにその順位のままチームの意見にするのではなく，1つずつ「これをチームの主張にするのに反対意見がある人はいませんか？」「他のものを入れた方がいい人はいませんか？」と確認作業をしながら最終内容を決定していた。少数意見を拾う過程を加えて議論していたので，ファシリテーターにそのように進め方を教示した経緯があるか尋ねたところ，何も提示していないとのことだった。つまり，子どもたちは自力で「納得解を導く方法」を模索しているのだ。しかも，話し合いは毎回スムーズにいくとは限らず，トライ＆エラーを経て習熟していく。

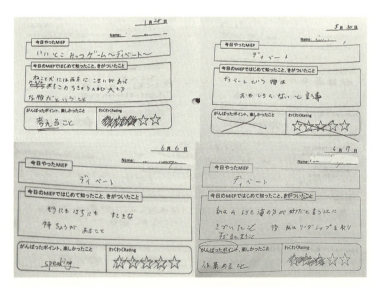

写真2-3 MiEPのふりかえりシートから読み取れるディベートの試行錯誤
5月(右上)で苦戦しおもしろくないとの評価が，6月(下段)に変化

社会に広がる協働学習　第❷章

下記のふりかえりシートから，その様子が推察される。

● 子どもの内省を促すとともに，状況をモニタリングする

　キンダリーインターナショナルでは，自己受容（ありのままの自分を受け入れる）の積み重ねによって自己肯定感を育むことを理念としている。自己受容を促すには，自分の今，今日の状況をそのまま受けとめ，自らの感情に意識を向ける機会をつくることが重要になる。そのような機会として毎日の運営の中に設定されているのが「Today's Feeling（写真2-4）」だ。子どもたちが集まると最初に行う日課で，自分の気分がホワイトボードの目盛りの−5から＋5のどの辺りにあるかを意思表明する。通常は理由も加えるが，話したくなければ話さなくても良い。このように自分の気持ちを人に伝え，周囲もそれを受けとめる場が毎日ある。前述の MiEP のふりかえりシートでも「わくわく Rating」という項目の星の数によって自分が楽しめた度合いを記す。言葉だけでは上手く表現できない低学年の児童でも内省でき，人に伝えやすい方法だ。一方で，キンダリーインターナショナルのグランドルールは写真2-4の3つのみ

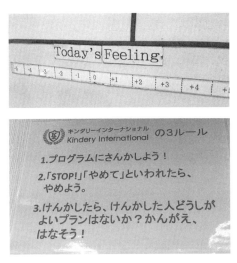

写真2-4　キンダリーインターナショナルの Today's Feeling と3つのルール

である。大人がルールで縛るのではなく子どもたちが協働の中で必要に応じて
ルールや方法を作り出し場に参画する意欲を醸成している。

（取材協力）一般社団法人子供教育創造機構 理事 赤井友美氏

〜このケースから学べる，場づくりのヒント〜

◎答えのない問いに対する納得解を導く「合意形成」のトレーニングを積む
◎他者受容の前提となる「自己受容」の機会を，毎日の日課に組み込む
◎ルールは必要最低限のシンプルなものにし，主体性を重視する

事例1-2 東京インターナショナルスクール（国際バカロレア認定校）

● 国際バカロレア（IB）とは？

　国際バカロレア（International Baccalaureate：IB）は，国際バカロレア機構
（本部をスイスのジュネーブに置く非営利団体）が提供する教育プログラムの
ことで，国際的に通用する大学入学資格（国際バカロレア資格）を与え，イン
ターナショナルスクール等で教育を受けた子どもにも大学進学へのルートを確
保することを目的として 1968 年に創設された。1990 年代には初等・中等教育
のプログラムもスタートし，現在，世界 147 の国・地域に導入されている。日
本政府は「日本再興戦略」（平成 25 年 6 月閣議決定）の中で，「国際バカロレア
認定校等の大幅な増加を目指す（2018 年までに 200 校）」という目標を掲げ，グ
ローバル化に対応した教育を牽引する方策のひとつとして IB の普及を推進し
ている。日本での認定校は 2017 年 6 月現在で，PYP（プライマリー・イヤーズ・
プログラム：3 歳〜12 歳の初等教育プログラム）が 22 校，MYP（ミドル・イヤーズ・
プログラム：11 歳〜16 歳の中等教育プログラム）が 14 校，DP（ディプロマ・プロ
グラム：16〜19 歳）が 33 校である。

　IB の教育の特色は，文部科学省の有識者会議の中間とりまとめ資料を引用[3]
すると「全人教育を通じて，主体性を持ちバランス感覚に優れた，国際社会で

貢献できる人材の育成を目的とする。特色的なカリキュラム、双方向・協働型授業により、グローバル化に対応した素養・能力を育成することが期待される」点にある。そして、日本の教育の中にIBを取り込むメリットとして、「忍耐力や自尊心といった社会情動的スキルや非認知的能力、主体性等を育む」「教科横断的な教育内容の設定や主体的な学びに対する評価等、国際的な経験が蓄積されている[3]」という点も指摘されている。知識・技能に偏らず人間性も含めた教育における協働学習のロールモデルとも言えるだろう。

　ここで、IB認定校である東京インターナショナルスクール（東京都港区）の事例を紹介する。理事長・坪谷ニュウエル郁子氏は、国際バカロレア日本大使で日本のIB推進にも尽力されている[4]。今回はPYP（プライマリー・イヤーズ・プログラム）の教室を見学しながら教育の特色について話を聞いた。なお、同校は国際バカロレアに加え、インターナショナルスクールの国際的な認証機関（Council of International Schools：CIS）と、米国の学校認証機関（New England Association of Schools & Colleges：NEASC）の認証も得ている。

● IBの学習者像とPYPの探究型学習

　IBでは、教育の目指す方向性を「10の学習者像」として掲げている。これはIBの教育理念を映したもので、東京インターナショナルスクールでは廊下や教室の目立つ位置にこの学習者像がイラストとともに掲示されている。

〈国際バカロレアの10の学習者像（The IB Learner Profile）〉

・探求する人（Inquirers）(※)
・知識のある人（Knowledgeable）
・考える人（Thinkers）
・コミュニケーションができる人（Communicators）
・信念をもつ人（Principled）
・心を開く人（Open-minded）
・思いやりのある人（Caring）

写真2-5　壁に掲示される10の学習者像

- 挑戦する人（Risk-takers）
- バランスのとれた人（Balanced）
- 振り返りができる人（Reflective）

（※）Inquirers は「探究」とする場合もあるが，掲示の日本語に揃えた

筆頭の「探求する人」が示す通り，IB では学習の中心に「探求」が据えられている。PYP では，国・算・理・社などの教科を横断する形で探究型学習のプログラムが設定されており，次の 6 つの概念で児童が掘り下げていくようにカリキュラムが組まれている。

〈PYP の探究型学習における 6 つの概念〉
1. 私たちは誰なのか（Who We Are）
2. 私たちはどんな時代と場所にいるか（Where We Are in Time and Place）
3. 私たちはどのように自分を表現するか（How We Express Ourselves）
4. 世界はどのような仕組みになっているか（How the World Works）
5. 私たちは自分たちをどう組織しているか（How We Organize Ourselves）
6. この地球を共有するということ（Sharing the Planet）

写真 2-6　PYP カリキュラムの掲示

スクール内には，この 6 つの概念に沿って各学年が何をテーマに学んでいるかを一覧できるよう掲示されていた（写真 2-6）。では，具体的にどのように探究型学習が進められるのか，廊下に掲示されていた児童の作品（写真 2-7）を例に紹介する。この作品は，1 年生が「Sharing the Planet」の学習の成果物として制作したアートである。授業では台場の浜辺を見学し，そこにどんなゴミが落ちているかを調べ，これらのゴミはどのような行動の結果として生まれているかを学び，自分たちは何をなすべきかを考える。そして，拾ったゴミを用いて自分たちが学んだことや考えたことを作品に表現する。このようにテー

写真2-7　海で拾ったゴミを用いて各自が制作したアート

マを深めながら横断的に学び，考え，表現することまでを統合した学習である。

● **生徒に多面的な思考を促す質問**

探究型学習における教員の重要な役割は，知識を教えることではなく，生徒の思考が深まる適切な質問を投げかけることにある。PYPでは，どの学年においても下記の8つの質問を生徒に投げかけている。

〈PYPの8つの質問〉
1. 形状・構造（それはどのようなものか？）
2. 機能・役割（それはどのような働きをするのか？）
3. 要因（それはどうしてそうなったのか？）
4. 変化（それはどのように変わってきているか？）
5. 関連（それは他とどうつながっているのか？）
6. 観点（どういう考え方・ものの見方がある？）
7. 責任（私たちがしなければいけないことは何か？）
8. ふりかえり（私たちはどう分かったか？これからどうすれば良いのか？）

とくに6〜8が特徴的だ。6で自分以外の考え方や意見に触れ，そのうえで自分たちの責任を言語化し，最終的な振り返りを行う。先の浜辺のゴミ問題も，ここまで質問で深めてこそ「自分事」になり社会参画意識の醸成につながる。

この他,東京インターナショナルスクールでは,企業の会議運営にも使われる6Thinking Hatsも活用していた。これは,下記のように思考を切り替えるツールである。

〈6Thinking Hats：6つの帽子思考法〉[5]
・青：冷静に全体を俯瞰する
・白：客観的な事実やデータに着目する
・黒：悲観的・批判的な面を考える
・黄：楽観的・肯定的な面を考える
・緑：自由にアイデアを広げる
・赤：感情や直感を大切にする

写真2-8　教室に掲示された6色の帽子

教室内で子どもたちがディスカッションを行う際,多面的な話し合いができるように,この6色の帽子を指して教員がファシリテーションを行う。単色の使い方だけでなく,たとえば「白の帽子の上に黒の帽子を重ねてかぶると,どんなふうに考えられるだろう？」といったような問いかけも行うという。

● 子どもたちの多様性が見えるディスプレイ

東京インターナショナルスクールでは親が駐在員の子どもが多く,各自の出身地や家族のルーツは多様である。その多様性を受容し,一人ひとりを「I am special, You are special」と肯定し合う風土が教室内にはある。一例が廊下に貼り出されている掲示物だ。各児童の写真の下には,生い立ちや自分に関するトピックスを記したメモが,連なるようディスプレイされている。メモの色も一人ひとり異なりカラフルな空間になっている。

また,教室内には一人ひとりの顔写真付きの「ワンダーシート」と呼ばれるシートも掲示されている。シートの左に「I wonder」,右に「I discovered」と書かれ,各自の興味や気づきをメモした付箋が並んでいる。子どもたちはこ

62

社会に広がる協働学習　第❷章

写真 2-9　廊下に掲示されている各自のトピックス・メモ

写真 2-10　教室内に掲示されているワンダーシート

のような教室環境の中で，自分が何者であるか，自分がどう感じ何を考えているかを繰り返し表明することを促される。そして，友人を介して自分と異なる文化や考え方に多く触れ，それを常に視覚情報として目の中に入れることができる空間になっている。

　また，スクール内は，階段から廊下の天井に至るまでディスプレイに活用されているのも特徴で，創造性や表現欲求が刺激されるような場になっている。子どもたちの持つ多様性を生かし，それを視覚化しながら各自が発信する力を育む空間づくりにもつながっているだろう。

　（取材協力）東京インターナショナルスクール理事長　坪谷ニュウエル郁子氏

 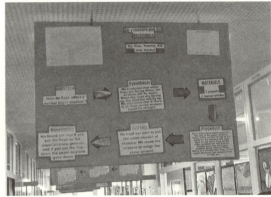

写真2-11 階段や廊下の天井などあらゆるスペースを掲示に活用している

～このケースから学べる，場づくりのヒント～

◎探究型学習における教員の重要な役割は，適切な質問の投げかけ
◎多様な視点から考えるための仕掛け（8つの質問，6Hatsなど）
◎児童一人ひとりの多様性の可視化（ワンダーシート，プロフィールなど）

事例1-3　開智中学・高等学校（哲学対話）

● 子どものための哲学（P4C）とは？

　近年，日本の教育に哲学的な対話を取り込む動きがある。この動きは世界的にも広がっているもので，その原型は1970年代に米国の哲学者・教育学者のマシュー・リップマンが推進した「子どものための哲学（Philosophy for Children：P4C）」の活動にある。これは学校教育に「思考」することが抜け落ちているとの課題意識から始まった活動で，子どもたちが哲学的な対話を行うことによって，物事を深く思考できるだけでなく自分とは異なる考えを持つ他者を受容できる「多元的思考」につながると指摘されている[6]。日本ではハワイ大学のトーマス・ジャクソン教授による教育現場での実践例などを参考に[7]，哲学対

話の普及を目指す「特定非営利活動法人こども哲学おとな哲学アーダコーダ」[8]
が 2013 年に設立されたほか，東日本大震災の被災地における実践例も複数報
告されている。[9] 今回見学したのは開智中学・高等学校（埼玉県）の中 1 生と中
3 生の哲学対話の授業である。担当の土屋陽介教諭（2018 年 1 月現在，開智日本
橋学園中学高等学校　教諭，開智国際大学教育学部　非常勤講師）は哲学が専門の
研究者で，立教大学の河野哲也教授とともに毎日小学生新聞の連載「てつがく
カフェ」の監修，[10] NHKE テレの「Q 〜こどものための哲学（Philosophy for Chil-
dren)」の番組監修も務めている。

● 題材をもとに話し合いたい「問い」を考え，クラス全体で哲学対話

　中学校は 45 分授業であるため，哲学対話を授業枠で実施する場合は複数回
の授業でひとつのテーマを掘り下げ進める場合が多いという。

〈1 つのテーマを「45 分×3 回」の授業で行う場合の例〉

　1 回目：題材（本，映画，新聞記事など）をもとにしたグループワーク

　2 回目：前半→各グループの「問い」の案から全体で話し合う 1 つを決定

　　　　　後半→クラス全体で哲学対話

　3 回目：前回の哲学対話の続きを行い，最後にふりかえり

【中 1 生】　2 回目と 3 回目，同一テーマで 2 クラスの授業を見学

　〈題　材〉

　　映画「Fahrenheit 451」（邦題「華氏 451 度」）

　　書物が禁じられた未来社会を描いた小説を映画化した作品

　〈決定した問い〉

　　登場人物が死を選ぶところに反応し，2 クラスとも死をめぐる問いに決定

　　（問い A)「人は死んだらどうなるか？」

　　（問い B)「人生にあった死に方とは？」

　〈哲学対話の進め方〉

　・クラス全員が円になって全員の顔が見えるように椅子に座る。

写真 2-12　哲学対話を担当する土屋陽介教諭

- 発言の順序は決めず，話したい人から話す。話者はコミュニティボール（手のひら大の毛糸のボール）を手に持って話し，次の人に渡す。
- 円の中央におはじきを置き「1回発言したら1つ自分の足元に」「1人が3つ取る目安で発言」（限られた時間で全員発言するための工夫）
- 教諭はフラットな立場で関わり，対話の進み具合に応じ適切に言葉を挟む
〈対話の深まり方〉
- Aの問いを立てたクラスでは，死への不安の議論から「宗教はなぜ存在するのか？」という問いに発展していった。3回目の対話では死後に残された人へ残すもの，伝えることの意味などについても対話が広がった。
- Bの問いを立てたクラスでは，自殺・尊厳死・安楽死の是非だけでなく，生きることの意味，年齢で命の価値に違いはあるか，自分の命は誰のものか，といった命に関するの議論へと内容が広がった。

【中3生】　2回目，3回目を見学
　〈題　材〉
　　妊婦の血液からダウン症など胎児の染色体異常を調べる「新出生前診断」に関する新聞記事
　〈決定した問い〉
　　「出生前診断を受けて赤ちゃんに病気があるかを知った方が良いか？　知らない方が良いのか？」

社会に広がる協働学習　第❷章

写真2-13　正解のない問いに真剣に取り組む中学生の様子

〈当日の進め方〉
・2回目：机はグループ単位に並べる。前回のグループワークのシート（記事の感想，キーワード，問いの案）を机に置き，相互に机を行き来しながら他グループのシートにコメントを記入。そのうえで，問いの案から，全体で話し合う1つを決定。残り時間10分ほどの対話で次回へ。
・3回目：円になり哲学対話（1年生と同様の形式）

〈対話の深まり方〉
　もし当事者になった場合に自分はどうしたいかという観点だけではなく，以下のようなさまざまな視点の意見が出ていた。
・ガンの余命告知との類似点，相違点
・キャリア設計と出産タイミングの視点
・胎児側から見た視点
・そもそも人生はどこまで計画やコントロールが可能なものか
・選択できることで生まれる新たな悩み　　　　など

● 「答えのない問い」に粘り強く対峙する経験と人の考えを聴く経験

　今回の例のように，哲学対話には明確なゴールが提示されるわけではない。話し合って得られた結果や見解が重要なのではなく，対話のプロセスそのもの

67

に意義がある。答えのない問い，あるいは簡単には結論を出せない問いに対して，考えがまとまらなくとも粘り強く考える経験は，その後の人生のさまざまな局面で生きてくる。また，自分と異なる意見をもつ他者の考えに耳を傾け，その真意を確認したり，背景にあることを洞察したりする経験も重要である。

現代社会では，あまりに速く大量の情報が行き交うため，それらを処理する「瞬発力」や「スルー力（受け流す力）」がおのずと磨かれてくる。日常会話においてもSNSでのコミュニケーションにおいても，短い言葉や絵文字を用いてキャッチボールのようにやりとりをする機会が圧倒的に多くなっている。しかし，生きていくうえでの重要な課題に対しては，それらの力では対処できない。答えがすぐに見つからない問いに対しても，粘り強く考え続け，言葉という道具を使って思考を深めたり人からの理解を得たりする力が必要になる。哲学対話は，そのような力につながる経験としての可能性を秘めている。

● 対話の質を左右するファシリテーター

見学した授業では「この場ではどんな発言をしてもよい」という安心・安全が保障され，リラックスした場づくりがなされていた。それは，発言が成績評価などに影響しないこと，生徒と教諭の良好な関係性，そしてファシリテートする教諭が発する言葉や表情から伝わる温厚な雰囲気によるところが大きい。

たとえば，土屋教諭は生徒からの発言が出ずにしばらく沈黙が続いたときでも，参加者を焦らせずに「それは，こういうことかな？」「こういう経験ってあるかな？」「ゆっくりでいいです。難しい問題だから」といった穏やかな声がけを適切なタイミングで行っている。また，残り時間や対話の深まり具合に応じて，適宜新しい情報や視点を付加したコメントを入れるなどして，生徒が発言しやすい方へと話の舵取りをする場合もある。これらの場面展開を支えているのは，哲学に関する深い知識，幅広い教養，哲学対話の経験量であろう。

このように，哲学対話のファシリテーターには高い専門性と適性が存在するが，そこまで習熟度が高くないファシリテーターであっても，ファシリテーターに集中する負荷を分散したり，対話を促すツールを用いたりすることで進行

をしやすくすることは可能である。たとえば，ファシリテーターをサポートする第三者が場に加わることや，発言者に対し他の参加者が気軽に質問できるよう短い質問文（「どういう意味？」「どうして？」「例えば？」「それは本当？」など）を書いたカードを用意する方法などがある。哲学対話は，最近では学校教育だけでなく，幼児や親子を対象にしたワークショップから企業向けの研修まで多様に広がっているため，今後さらに実践例と教育研究が進み，目的に応じたノウハウが蓄積・共有されていくことが期待される。

（取材協力）
開智中学・高等学校
開智日本橋学園中学高等学校 教諭，開智国際大学教育学部 非常勤講師
土屋陽介 教諭
（取材日：2014 年 6 月〜7 月）

～このケースから学べる，場づくりのヒント～

◎参加者に応じた適切な題材選び（本，絵本，映画，動画，新聞記事など）
◎輪になり発言量の可視化ツールを活用（コミュニティボール，おはじき）
◎「安全・安心」な場づくりとフラットなコミュニケーションに長けた
　ファシリテーターの存在

〈引用・参考文献〉
1) ハワード・ガードナー著，松村暢隆訳『MI：個性を生かす多重知能の理論』新曜社，2001
2) P21（Partnership for 21st Century Skills）
　 http://www.p21.org/index.php（2018 年 2 月 1 日アクセス）
3) 国際バカロレアを中心としたグローバル人材育成を考える有識者会議　中間取りまとめ
　 （平成 29 年 5 月），文部科学省，2017
　 http://www.mext.go.jp/a_menu/kokusai/ib/index.htm（2018 年 2 月 1 日アクセス）
4) 坪谷ニュウエル郁子『世界で生きるチカラ：国際バカロレアが子どもたちを強くする』
　 ダイヤモンド社，2014
5) エドワード・デ・ボノ著，川本英明訳『6 つの帽子思考法：視点を変えると会議も変わ
　 る』パンローリング，2015
6) マシュー・リップマン著，河野哲也・土屋陽介・村瀬智之監訳『探求の共同体：考える
　 ための教室』玉川大学出版部，2014

7）p4c Hawaii　http://p4chawaii.org/（2018 年 2 月 1 日アクセス）

8）特定非営利活動法人こども哲学大人哲学アーダコーダ
http://ardacoda.com/（2018 年 2 月 1 日アクセス）

9）p4c みやぎ出版企画委員会著，野澤令照編『子どもたちの未来を拓く探究の対話「p4c」』
東京書籍，2017

10）河野哲也・土屋陽介・村瀬智之・神戸和佳子『子どもの哲学：考えることをはじめた君
へ』毎日新聞出版，2015

社会に広がる協働学習　第❷章

2. 新たなつながりの中で共に学ぶ 〜地域・異文化・世代間の交流〜

事例2-1　パンゲア（日本の児童×海外に住む児童）

● ICTの平和活用で，言語・時間・空間を越えた国際交流

　パンゲアは京都に本部を置く特定非営利活動法人で，ICTの活用によって言語・時間・空間の壁を越え世界の子どもたちが交流できる「ユニバーサル・プレイグラウンド（世界の遊び場）」を創ることを目指して設立された団体だ。設立のきっかけは2001年のアメリカ同時多発テロだという。共同創立者の森由美子氏と高崎俊之氏は，テロ被害に遭う飛行機に搭乗を予定していたこと，そしてテロ直後にイスラム教やアラブの人々へのバッシングが酷かったことにショックを受けた。互いの多様性を尊重し合えるグローバル社会をICTの平和活用で実現したい，その思いから2003年にパンゲアが設立された。

　パンゲアの拠点は，日本（東京，京都，三重），韓国（ソウル），オーストリア（ウィーン），ケニア（ナイロビ），マレーシア（クチン，バリオ）にあり，各拠点に小3〜中3の子どもたちが月に1〜2回集まり，1年単位のプログラム

写真2-14　パンゲアが独自に開発し世界の子どもたちが交流できる
　　　　　　パンゲアネット・システム

71

写真 2-15 それぞれの文化や生活が見えるオリジナル・トランプ

に参加する。これまでの参加者は累積でのべ約 9,000 人にのぼる（2017 年現在）。

子どもたちは PC を用いてアニメーション，写真，絵，音などの作品を作り，それをパンゲアネットと呼ばれる安全なネット環境の中で共有する。パンゲアネット上には，参加する子どもたちがそれぞれに住む国，村，家があり，各自の部屋には自分の顔写真や制作した動画，絵などの作品がある。招待状をもらった子ども同士であれば互いの部屋を見ることができ，パンゲアが独自に開発した絵文字（ピクトン）を使って作品にコメントしたり，違う国の子へメッセージを送ったりすることができる。子どもたちはこの交流を通じて，他国のことを学び，自国のことを紹介し，相互の文化・生活について理解を深めていく。1 年のプログラムの最後には，自分たちの国や生活を表現した写真，絵を印刷してオリジナルのトランプも完成させる。

また年に数回は，離れた拠点間をウェブカメラでつなぎ，メッセージでやりとりしていた遠い拠点の友だちと顔を合わせる機会もある。同じ時間を共有し，パンゲアが企画・開発したさまざまなゲームを一緒に楽しむことによって通常

写真 2-16 ウェブカメラで日本とケニアをつないで行ったゲーム

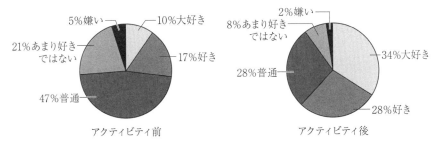

図 2-2　2005 年 11 月～2010 年 2 月に行ったウェブアクティビティでのアンケート

よりも深い交流をはかることができる。実際に相手の顔や声，動きを見て，国は違っていても一緒に遊べるということを子どもたちは理解していく。このような深い交流の前後では，子どもたちの互いの国，国民への印象が良くなっていることが，事前・事後アンケートの結果からもわかっている。図2-2のグラフは，ウェブカメラでつないだアクティビティの前後で，韓国の子どもたちに行ったアンケート結果だ。日本または日本の人について「大好き」もしくは「好き」と答えた子どもは，アクティビティの前には27%だったが，アクティビティの後には62%にまで増えている。

　子どもたちはパンゲアの年間プログラムを通じ，遊びの中で，ICTの活用スキル，表現力，コミュニケーション力，異文化理解，多様性受容力，協働性などを高めていく。多面的な教育効果が期待できる国際理解教育プログラムだ。
　なお，パンゲアでは唯一の憲法として「人の嫌がることはしない」をルールにしている。相手の立場で考えるという基本姿勢は設立時から一貫しており，人を嫌いになるのではなく，人とつながり相互に理解を深めることによって，平和の土台になる心を育むことを目指している。パンゲアのプログラムやシステムの開発においては「ピース・エンジニアリング」という言葉をキーワードにして，行政，企業，研究機関とも連携しながら研究開発を進めている。

● サマースクールでの協働体験

　パンゲアが通常の年間プログラムのほかに行っている活動のひとつに，京都大学 社会情報学研究科 石田・松原研究室との共催で開いているサマースクール KISSY（Kyoto Intercultural Summer School for Youths）がある。海外から来日する子どもと日本の子どもが京都で1週間生活をともにしながら交流し，グループで協働してプログラミングを使った作品を共同制作するというプログラムである。2014年から開催し，毎回30名前後の子どもが参加している。

写真 2-17　サマースクール KISSY の様子

　初日は，言葉の通じない子どもどうしがコミュニケーションをとり合うところからスタートする。この段階ではあえて何もツールを渡さず，子どもたちが自力でどのようにコミュニケーションをはかろうとするかを見守る。子どもたちにはポジティブな反応もネガティブな反応も出てくるが，言語が通じないもどかしさは共通している。そこで途中から，機械翻訳の技術を使ったツールを

写真 2-18　海外から来日する子どもと日本の子どもがチームを組む

紹介する。子どもたちは「これなら，しゃべることができる！」とPCを駆使して会話を始める。このツールでは，それぞれが入力した言葉を同時に表示できるため，各自がPCに向かって多言語での会議が可能になる。

● 「つながると，何かが起こる」をテーマに作品づくり

KISSYでは，子どもたちはプログラミングのツールについてもレクチャーを受け，これを用いた作品づくりをグループ単位で進める。プログラミングのツールを用いると，制作物に動きをつけたり，音を鳴らしたり光を点滅させることができる。このときに

写真2-19　PC上での話し合いの様子

提示されたテーマは「つながると，何かが起こる」だった。子どもたちはPCを用いて多言語間で話し合い，コンセプトや内容を決めていく。

写真2-20　グループで表現したいことを決めて作品づくり

子どもたちの自由な発想によって，それぞれのグループで特色のある作品が出来上がっていった。たとえばあるグループは，国籍の違うサッカー選手が一緒にプレイしゴールが決まると音楽が流れる，という作品に取り組んでいた。

別のあるグループでは，参加児童の4つの国（日本，韓国，ケニア，カンボジア）の民族衣装を着た人形が，その周囲で人が手をつなぐと各国の曲にあわ

写真 2-21　プログラミングによって動きや音をつけた作品が完成

写真 2-22　サマースクール最終日の発表

せて踊り始めるという作品だった。作品の両端には電極の端子があり，その端をもった人同士が手をつなぐと人の間に微弱電流が流れて作動するようプログラミングされている。最終日の発表では，参加者全員が輪になって手をつなぎ文字通り「つながると，何かが起こる」プレゼンテーションになっていた。

　このKISSYでは，制作プロセスにも制作物のテーマにも，協働することと多文化共生が貫かれている。

（取材協力および写真提供）　特定非営利活動法人パンゲア　理事長　森由美子氏　理事　枝廣綾子氏

~このケースから学べる，場づくりのヒント~

◎言語制約の壁を越えるためのICTの活用（絵文字，機械翻訳など）
◎オンラインとオフラインのそれぞれのメリットを生かす
◎「創作×ICT×異文化交流」で楽しみながら参加できる協働制作

社会に広がる協働学習　第❷章

事例2-2 "働く"の教室（児童×働く親×大学生）

● 世代間交流とICT活用によるキャリア教育プログラム

　近年，子ども向けのキャリア教育にはさまざまなプログラムが増えている。社会人を招いてのワークショップ，仕事体験プログラム，地域で働いている人への仕事取材や調べ学習など，企業のCSR（Corporate Social Responsibility：企業の社会的責任）活動の後押しもあってメニューも豊富になってきている。ここで，世代間の協働によるキャリア教育の事例として，筆者が学習デザインとファシリテーションを担当し協力企業と共同で開催してきたワークショップ「"働く"の教室」を挙げる。このワークショップでは小学生が記者となって自分の親に仕事についての取材を行い，学生の支援を受けながら制作物を完成し発表する。制作物は，初回（2015年）は紙であったが，2回目以降はタブレット（iPad）で制作し，ICTを活用した表現教育も内包している。

　このプログラムの特徴は，日頃からは接点を持ちにくい「小学生－大学生」「大学生－子育て世代」の世代間交流を前提としている点にある。この3世代が図2-3のようにA）取材される人（親），B）取材する人（子ども），C）支援者（大学生）という役割をもつ。そして，学びの発生タイミングは，①インタビュー段階，②協働編集段階，③記事確認段階の3段階あり，3者がそれぞれに以下のような学びを得ることを目的にした学習デザインになっている。

- ・児童　　→ 親を介してのキャリア教育，ICTを活用した表現教育
- ・大学生 → 協働性と傾聴力の醸成，キャリア教育
- ・親　　　→ 仕事を客観的に捉え直す機会（自分の仕事をメタ認知）

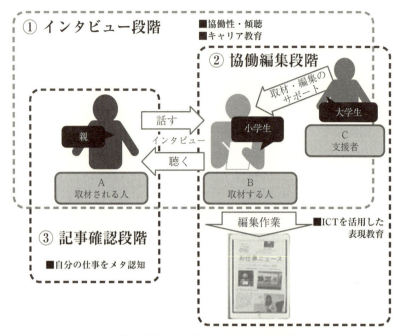

図 2-3 「"働く"の教室」の多層的な学習デザイン

● **目的や条件に応じたプログラム例**

　プログラムの柱は、インタビュー、協働制作、プレゼンテーションである。職場で行うか、職場外で行うかによって進め方は異なり、以下に進め方の例を

表 2-1 〈職場で行う場合〉 オフィス見学含め 約3時間半

内容	目安時間
自己紹介ワークと全体説明	約20分
職場側のアクティビティ（クイズ、役員との名刺交換など）	約20分
職場内見学（適宜、撮影）	約30分
（休憩）	約10分
インタビュー作戦会議	約10分
パパ・ママ　インタビュー（名刺交換してから取材、撮影）	約30分
協働制作（内容決め、写真決め、原稿作成）	約60分
プレゼンテーションとふりかえり	約30分

社会に広がる協働学習　第❷章

写真 2-23　日本 IBM のファミリーデーにあわせて実施した際の様子

表 2-2　〈職場外で行う場合〉　約 2 時間半

内　容	目安時間
自己紹介ワークと全体説明	約 20 分
インタビュー作戦会議	約 10 分
パパ・ママ　インタビュー（名刺交換してから取材，撮影）	約 30 分
協働制作（内容決め，写真決め，原稿作成）	約 60 分
プレゼンテーションとふりかえり	約 30 分

挙げる（下記以外に，学生向けガイダンスやふりかえりも行っている）。

　上記は小学生を前提としたものである。集中力が続く時間内で，参加児童が達成感を得られる制作物を完成できることがポイントになる。そのため，児童のタブレットの操作習熟度に応じたテンプレートを数種類用意しておいたり，使いやすい画像素材をあらかじめ準備したりするなどの対応策をとっている。タブレットで制作した場合は，そのまま各自がデータを持ち帰り自宅で完成度を上げたうえで夏休みの自由課題として提出するなどの活用も可能になる。

　これまでに紙での制作とタブレットでの制作の両方を実施したうえで，このワークショップでの ICT 活用のメリットは以下のように整理できる。

〈ICT 活用のメリット〉
　① 児童の参加意欲の高まり
　・簡単なカメラ操作から開始することで参加が促せる
　・習熟度に応じて文字量や入力方法（五十音配列，ローマ字入力）が選べる
　② 参加者相互のコミュニケーション促進
　・写真（撮影・選択）を介して対話が促進される

・何度もやり直しができる気軽さがあり，発話内容がポジティブになる
③ 完成物の仕上がり
・集中持続時間（約1時間半）内にカラフルで見栄えの良い作品が完成し，児童の達成感が高まる

なお，このワークショップのように同じタブレット画面を見ながら協働制作をする際には，操作性の面から画面の大きさも大事なポイントになる。ワークショップでは，iPad Pro 12.9インチ（2,732mm × 2,048mm）を用いた。

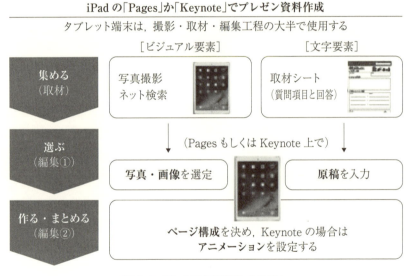

図2-4　iPadでの資料作成の流れ

● **親子関係をオフィシャルな関係に切り替えるためのツール**

　身近な人へのインタビューでは，取材する側とされる側というオフィシャルな関係性に切り替えることがポイントになる。まず，親子の間に学生が入ることで日常とは違う緊張感を作ることができるが，これに加え子どもに「記者」という役割を可視化するツールを用意することも有効だ。このワークショップ

では，「名刺」「腕章」「取材シート（84〜85ページに掲載）」を3点道具として用意している。とくに名刺は，親へのインタビューの冒頭で名刺交換に使い，親から受け取った名刺を取材シートに書き込む流れを作る重要なアイテムで，名刺には「こども記者」の肩書きを入れ一人ひとりの名前を印刷している。このような演出も加えることで，親子の日常会話とは違ったオフィシャルな質問・応答のコミュニケーションが生まれる。おのずと親は，普段子どもに語る機会のなかった仕事上の苦労ややりがいなどを語り，その話を子どもの傍らで聴いている学生にも，仕事の捉え方などについて新鮮な気づきをもたらす。

写真2-24　名刺交換の後にインタビューを開始

● **児童本人によるプレゼンテーション**

ワークショップの最後には，参加者全員の前で児童が作品を披露しながら，取材できた親の仕事内容の説明や制作物の工夫点をコメントしてもらう。小学生だとプロジェクターに投影して発表するのは初めてという場合も多いので，

写真2-25　最終発表の様子

参加者の学年や緊張状態によって進め方は適宜調整している。また，児童の発表の後には，サポートした大学生に制作過程での児童の様子や自分自身が一連の協働から感じたことについても述べてもらう。

● 学生の役割を増やすことでの発展性

　参加児童数に対して学生参加数を多く設定できる場合には，学生の側の役割を複数に設定することで発展性を持たせることも可能である。同日に複数回の時間開催でワークショップを実施した際には，①児童担当，②記録係，③サプライズムービー制作係，の3つの役割を学生間でローテーションして行った。それぞれの役割によって見えることや気づくことが異なるので，学生にとってより多層的な学びにつながる。また，サプライズムービーは，児童の一連の制作プロセスを撮影しながらiMovie（iPadの動画編集アプリ）を用いて1分ほどのメイキング動画を制作するもので，子どものプレゼンテーションが終わった後に上映すると参加者に喜ばれる。iMovieの動画編集を経験していない学生には事前にレクチャーをし，動画編集に習熟するきっかけにもなっている。

写真2-26　児童をサポートする学生の様子

　このように「児童×働く親×大学生」の協働によって，多層的な学びが生まれる。ワークショップ後の親へのアンケートでは「保護者・子ども・学生参加者全員が学びを得ることができたプログラムだった」「子ども，親の両方に得るものがあった」「大学生に自分の20年前の頃の気持ちを語ることで，仕事人生のよい振り返りになり原点を考え直す機会になった」などの声が挙がる。世代間で交流する機会の少ない時代だからこそ，このように夏休みを利用した世

社会に広がる協働学習　第**2**章

代間交流の協働学習のプログラムが広がっていくことを期待したい。

（協力企業・団体）
　スリール株式会社，日本 IBM 株式会社ワーキングマザーコミュニティ

～このケースから学べる，場づくりのヒント～

◎3世代の世代間交流による多層的なキャリア教育

◎新たな「役割」をもつことによって気づきを促す協働学習

◎「取材」という役割の見える化（名刺，取材シート，腕章など）

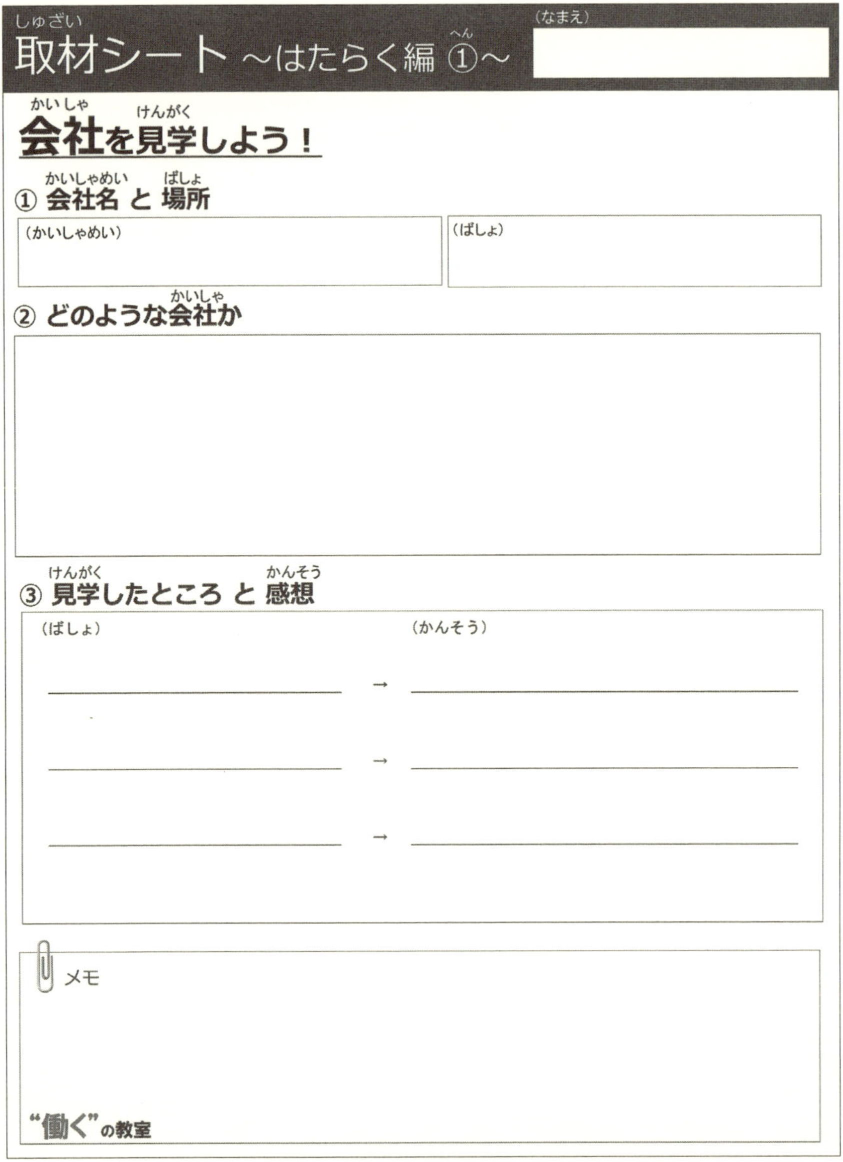

取材シート ～"はたらく編" ①～

(なまえ)

会社を見学しよう！

① 会社名 と 場所

(かいしゃめい)

(ばしょ)

② どのような会社か

③ 見学したところ と 感想

(ばしょ)　　　　　　　　　　　　　　(かんそう)

_____ → _____

_____ → _____

_____ → _____

メモ

"働く"の教室

図 2-5 「"働く"の教室」取材シートの例（1枚目）

社会に広がる協働学習　第2章

取材シート ～はたらく編 ②～

（なまえ）

パパ・ママにインタビューしよう！

①インタビューのまえに

パパ・ママのお仕事について知っていること

②質問のじゅんび　～なにをきくか、えらんでおこう～

仕事内容についての質問	こんな質問もおすすめ！
□どんなお仕事をしていますか？	□この会社（かいしゃ）ではたらくきっかけは？
□どんな人といっしょにはたらいていますか？	□お客さんのために心がけていることは？
□かかせない仕事道具（しごとどうぐ）は？	□これまでにたいへんだったことは？
□お客（きゃく）さんは どんな人ですか？　など	□どんな人にむいているお仕事ですか？

そのほかに ききたいこと

③名刺をもらおう

※インタビューするパパ・ママの **名刺** をみて書こう！（大学生にてつだってもらおう）

会社名　や　団体名

部署名

名　前　　　　　　　　　　　　　職　種や役職

住　所

"働く"の教室

図 2-6　「"働く"の教室」取材シートの例（2 枚目）

事例2-3　"学ぶ"の教室（児童×大学生）

● **小学生が大学生をロールモデルとして取材するワークショップ**

　次に，先の事例「"働く"の教室」から別展開した「"学ぶ"の教室」という協働学習の例を紹介する。これは，「小学生 – 大学生」の協働学習として筆者が学習デザインとファシリテーションを行ったワークショップで，小学生が大学生の支援を受けながら取材・制作する点は"働く"の教室と共通だが，大学生の側にさらに「取材される」役割と「大学を案内する」役割も付加することによって，大学生側に多面的な学びが生まれるようにしたプログラムである。小学生は大学のキャンパス内を見学し，大学生がどんな環境で何を学び，なぜその大学や専攻を選んだのかを取材する。現在の学びの先にどういった学びが広がっているのかをロールモデルを介して理解を深める。取材した内容はタブレット（iPad）を用いて大学紹介の記事として制作し，最後に発表を行う。

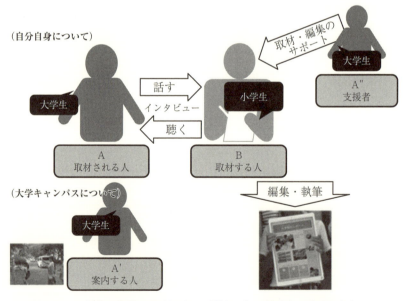

図2-7　大学生が複数の役割を担う「"学ぶ"の教室」の学習デザイン

● 事前ガイダンスから当日ワークショップへ

　このワークショップでは学生自身が取材対象と案内役になるため，学生は当日までにキャンパスツアーのルート決めと自己紹介ツールの作成を行う。後者の自己紹介ツールは，ワークショップ当日に大学生が小学生に対して自分の子ども時代からの自己紹介をするためのものである。この作成を進めやすくする目的で，学生向けの事前ガイダンスでは，学生が自分自身を振り返るワークも行う。2016年の開催時は，日本キャリア開発協会（JCDA）と京都産業大学の学生がコラボレーションして開発した自己探索ゲーム「人生すごろく　金の糸」を用いた。このすごろくは，小学校時代から現在までをゲームを楽しむ感覚で振り返ることができる。以下に，事前ガイダンスとワークショップ当日の流れと目安時間を示す。

写真 2-27　学生の自己紹介ツールの例

表 2-3 〈学生向け事前ガイダンス＆ワーク〉　　約 1 時間半

内　容	目安時間
主旨説明	約 20 分
事前準備内容の説明	約 10 分
自分を振り返るためのワーク	約 60 分

表 2-4 〈当日のワークショップ〉　　約 4 時間 (事前準備，学生ふりかえりは含まず)

内　容	目安時間
自己紹介ワークと全体説明	約 20 分
キャンパスツアー	約 60 分
ランチ＆学生インタビュー	約 80 分
協働制作（内容決め，写真決め，原稿作成）	約 60 分
プレゼンテーションとふりかえり	約 20 分

　ワークショップ当日は午前から開始し，キャンパスツアー，ランチタイム，学生インタビューという流れにしている。間にランチをはさむことによって，

適度な休憩がとれ，親密な関係づくりにもつながる。また，冒頭の自己紹介ワークでは，タブレットを使って写真を撮り合うことを行う。低年齢の児童でも自撮りなどの操作をすぐマスターし撮った写真を見ながら初対面同士でコミュニケーションがはかれるため，アイスブレイクとして効果的である。写真を介してのコミュニケーションは，緊張を解き，豊かな発話にもつながりやすい。

写真 2-28　互いの写真を撮り合いながら自己紹介

● 大学のリアルを体感するためのキャンパスツアー＆学生インタビュー

一般に，小学生にとって大学は未知の空間である。大学という場のリアルに触れるための２つのコンテンツと，それに対応した取材シート（90〜91ページに掲載）が取材の柱になる。

・キャンパスツアー（場のリアル：取材シート①に対応）
・学生インタビュー（人のリアル：取材シート②に対応）

キャンパスツアーでは記事に使うための写真を iPad で撮影する。大学生や大人にとっては「こんなところが？」と思うところに小学生が強く興味を示す場合もあり，学生には日常空間を再認識しメタ認知する機会にもつながる。

写真 2-29　キャンパスツアーの様子（千葉大学　西千葉キャンパス）

社会に広がる協働学習　第❷章

● **協働制作した大学紹介記事をプレゼンテーション**

　キャンパスツアーと学生インタビューを終えたら，iPadを使って大学紹介記事を制作する。そのままプリントアウトして周囲の人に読んでもらえるものを想定して，プレゼンテーション用のKeynoteではなくPagesを選び，雛形になるレイアウトを数種類用意した。低学年であれば1時間で1ページ，キーボード入力に習熟している高学年であれば2ページ構成で文字量の多いレイアウトでも完成できていた。参加者の年齢層や習熟度が直前まで不明な場合でも柔軟に対応できるのがICTで制作するメリットのひとつである。

写真 2-30　児童に寄り添う学生の様子

　作品が完成したら，参加者全員の前で児童が発表，大学生からワークショップ全体のふりかえりを行う。このプログラムは，大学生には自分や大学をあらたな視点で捉えるメタ学習の機会に，そして児童には未来の学びを想起するきっかけにつながるキャリア教育プログラムである。

写真 2-31　最終発表の様子

（協力企業・団体）　スリール株式会社，千葉大学教育学部

〜このケースから学べる，場づくりのヒント〜

◎児童が現在の学びの先にある「大学での学び」を知る機会づくり
◎学生が「自分の学び」をふりかえり言語化することによるメタ学習
◎タブレット端末の機動性を活かした協働学習

取材シート　～まなぶ編 ①～

（なまえ）

大学を見学しよう！

① 大学名 と 場所

（よみがな）　　　　　　　　　　　　　　　だい がく

（かんじ）＿＿＿＿＿＿＿＿＿＿ 大 学

（ばしょ）

＿＿＿＿＿＿＿＿＿＿＿＿＿＿

② 見学したところ（学食・教室・図書館・売店・その他）と 感想

（ばしょ）　　　　　　　　　　　　　　　（かんそう）

＿＿＿＿＿＿＿＿＿＿ → ＿＿＿＿＿＿＿＿＿＿＿＿

＿＿＿＿＿＿＿＿＿＿ → ＿＿＿＿＿＿＿＿＿＿＿＿

＿＿＿＿＿＿＿＿＿＿ → ＿＿＿＿＿＿＿＿＿＿＿＿

③ 大学と小学校でちがうところ　～いくつあげられるかな？～

・　　　　　　　　　　・

・　　　　　　　　　　・

・　　　　　　　　　　・

MEMO

年　月　日（　）

「学ぶ」の教室

図 2-8 「“学ぶ” の教室」取材シートの例（1 枚目）

しゅざい　へん
取材シート　～まなぶ編 ②～

（なまえ）

だい がく せい
大学生にインタビューしよう！

（インタビューした大学生）

＿＿＿＿＿＿さん（＿＿＿＿＿大学　＿＿＿＿＿＿学部　＿＿年生）

＿＿＿＿＿＿さん（＿＿＿＿＿大学　＿＿＿＿＿＿学部　＿＿年生）

しつもん れい
～ 質問の例 ～

だいがくせいかつ 大学生活について	しょうがくせい 小学生のころについて
□大学はどうやってえらびましたか？	□どこの小学校にかよっていましたか？
□大学でなにを勉強（べんきょう）していますか？	□とくいな科目（かもく）はなにでしたか？
□どんな時間割（じかんわり）ですか？	□どんなならいごとを していましたか？
□持ち物（もちもの）とバッグは？	□クラブに 入っていましたか？
□サークルに入っていますか？	□なにをしてあそぶのが すきでしたか？
□アルバイトはしていますか？	□給食（きゅうしょく）ですきだったメニューは？
□夏休み（なつやすみ）はいつまでですか？	□夏休み（なつやすみ）の思い出（おもいで）は？
□しょうらいの夢（ゆめ）は、なにですか？　など	□しょうらいの夢（ゆめ）は、なにでしたか？ など

だいがくせい　しょうがくせい
大学生と小学生でちがうところ　～いくつあげられるかな？～

・　　　　・
・　　　　・
・　　　　・

キャンパスツアーでいんしょうにのこった ベスト3

① ＿＿＿＿＿＿＿＿＿＿＿＿

② ＿＿＿＿＿＿＿＿＿＿＿＿

③ ＿＿＿＿＿＿＿＿＿＿＿＿

図 2-9 「“学ぶ” の教室」取材シートの例（2 枚目）

3. 協働の担い手を育成する 〜社会人の学び場から〜

事例3-1　ワークショップデザイナー育成プログラム

●「コミュニケーションの場づくりの専門家」を育成

　教育現場，地域コミュニティ，芸術活動，企業研修，生涯学習などさまざまな領域で「参加体験型」の場が増え，場づくりの専門性を学ぶニーズが高まってきた。この流れを受けて2009年から青山学院大学と大阪大学で開講されたのが「ワークショップデザイナー育成プログラム」である。これは文部科学省の「大学等の履修証明制度」（120時間以上の体系的な学習プログラムで修了者に履修証明書が発行される）の対象プログラムで，ワークショップの理論と実践について3カ月間（対面講座13日間，eラーニング17科目）で学ぶ。

　プログラム立ち上げの中心人物は，青山学院大学の苅宿俊文教授と，劇作家・演出家の平田オリザ氏（開講時は大阪大学コミュニケーションデザイン・センター教授）で，このプログラムは文部科学省の「社会人の学び直しニーズ

図2-10　ワークショップデザイナー育成プログラムのパンフレットより[1]

対応教育推進プログラム」の委託事業（2008 年度～2010 年度）に選定されて立ち上がったものだった。順調に履修者が増え，委託期間終了後も履修証明プログラムとして継続し，2014 年には累計の修了生が 1,000 名を越えた。2015 年にグッドデザイン賞を受賞，2016 年からは文部科学省の「職業実践力育成プログラム（BP）」，厚生労働省の「専門実践教育訓練給付金」の対象講座になるなど，社会人向けに大学が提供するプログラムで代表的な成功例だ。

● ワークショップの社会的意義とワークショップデザイナーの社会的役割

　世の中では多種多様なワークショップが開催されているが，そもそもワークショップとは何か。形態としては，参加体験型のグループ学習を指す場合が多いが，その本質を捉えるとどのような定義になるか。ここで，社会構成主義の学習観（共同体に参加していることで生まれる学習観）に基づく再定義がされてきた。苅宿教授は「コミュニティ形成のための他者理解と合意形成のエクササイズ[2]」と示し，ワークショップデザイナー育成プログラムでもこの定義を用いている。ワークショップは目的ではなく，コミュニティ形成のための手段であるという立場から捉えた定義だ。さらに苅宿教授は，このプログラムの紹介に寄せた文中[1]でワークショップデザイナーの社会的な役割を，「協働」というキーワードで以下のように記している。

　　これからの社会では，社会や産業の構造が変化し，経済的自立を果たすために複数の組織やコミュニティに参加していくことが求められていく。そこでは，地縁，血縁，組織縁だけではなく，志縁，偶発的な縁などいろいろな種類や規模の多様な価値観を持ったコミュニティが共存することになる。そして，人々が互いを認め合ったり，支えあったりする関係が重要になっていき，解決すべき問題ごとに複数のコミュニティや個人が協力してユニットをつくっていくようになる。それを協働と呼び，協働が習慣のようになっていくことが求められる。この協働の習慣化のために，ワークショップデザイナーには，さまざまな共同体の内外でコミュニケーションの場を提供していく

ことが求められていく。

ワークショップが同時多発的に増え,ワークショップデザイナーという専門性が求められている背景に「協働の習慣化」があることを再認識できる。

● 履修者の多様性によって生まれる「越境」体験が,学びを深める

では,どのような人がワークショップデザイナー育成プログラムに参加しているのか。下のグラフを見ると,年代も職業も多様である。ワークショップのような場の必然性がさまざまな領域に広がっていること,そして年代を問わずコミュニケーションの場づくりに関心の高い人が存在することを示している。たとえば,アートの分野では芸術家や演劇関係者が小学校などでアウトリーチ活動のワークショップを行う機会が増え,医療の現場では一人の患者に対してさまざまな専門医療スタッフが連携していくチーム医療が主流になっている。人と人をつないでいくことや多くの人とコミュニケーションをとりながら場をファシリテーションすることは,教員やビジネスパーソンだけではなく,さまざまな職域で求められるようになってきた。そういった「協働の結び目」になっている人・なろうとしている人が,履修者のターゲット層となっている。

そして,この履修者の多様性こそが,プログラムの学びの「場」の価値と,

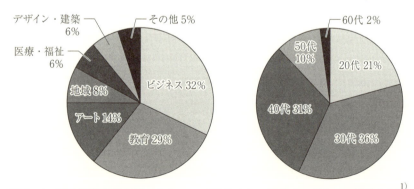

図2-11　青山学院大学のワークショップデザイナー育成プログラムの履修生属性[1]

そこから生まれる「ネットワーク」の価値を高めている。「ここで学んでいな
かったら，このようにさまざまな年代・職業の人と出会うことはなかった」と
どの履修者も感じる「越境」の体験があるからだ。自分と属性が離れている人
とともに3カ月間の濃厚な協働学習を行うことによって，普段では得られにく
い大きな気づきや新しい視点がうまれる。社会人の多くは，自分の職場や職種
に最適化できる方向へとスキルを磨いたり思考をパターン化したりしている。
それは習熟とも言えるが，環境や時代が変わるとその習熟は必ずしも最適化に
つながらなくなる。これまでに学んできたことを振り返り，それを「まなびほ
ぐす（アンラーン unlearn）[3]」ことが社会人ほど必要になってくる。履修者の多
様性からうまれる「越境」体験によって，多元的で相互作用的な「まなびほぐ
し」がおこっていることも，このプログラムの大きな特徴である。

● 脳だけではない，身体全体の「まなびほぐし」

この「まなびほぐし」は脳だけではなく，身体にも必要になる。なぜなら，
コミュニケーションは身体全体で行うものであるからだ。そのためワークショ
ップデザイナー育成プログラムの中には，この身体性に着目した学習も含まれ
ている。その代表的な授業が平田オリザ氏，蓮行氏が講師となって行う「演劇
ワークショップ」である。両氏は演劇人として蓄積してきた人間の表現活動へ
の深い洞察のもとに，学校や企業向けにコミュニケーション力を引き出す目的
の演劇ワークショップを数多く手がけている[4]。演劇では，複雑な現実社会の中
からある特定の部分が切り出され，人間のコミュニケーションや対立構造が映
し出される。それを観客として見たり，役を与えられて安心・安全のうえで擬
似的に役割を演じたりすることによって，身体性も含むコミュニケーションの
あり方をふりかえるメタ学習が進み，「まなびほぐし」につながる。

なお，大阪大学のワークショップデザイナー育成プログラム（2017年度より休
止）では，eラーニング科目は青山学院大学と共通で，対面講座は平田氏がプロ
グラム・ディレクターとして設計し，大阪大学の大学院生と社会人が演習でと
もに学ぶ特徴があった。学生と社会人が協働して学ぶ「越境」の場となっていた。

● 修了後の交流や継続学習を支えるワークショップデザイナー推進機構

ワークショップデザイナー育成プログラムの履修生は，修了後にそれぞれの
フィールドで場づくりを実践していたり，修了生のネットワークを生かして新
たなワークショップを立ち上げたりしている場合が少なくない。修了生の増加
に伴い，特定非営利活動法人ワークショップデザイナー推進機構が立ち上がり
履修プログラム修了後に続く活動や学習を支えている。本機構のおもな役割は，

① WSD（ワークショップデザイナー）の認知度向上（シンポジウム開催等）
② 継続学習支援（フォローアップ講座，メールマガジンでの情報提供）
③ 資格認定（生涯学習開発財団認定ワークショップデザイナー）

である。

そして，修了生が，履修プログラムの運営スタッフや講師，推進機構の理事
などにも加わっていくことによって，この学習コミュニティ自体を多層的で多
元共生的なものにしている。これが学習コミュニティの持続性や価値づけにも
つながる学習デザインになっているのだ。

（取材協力）
　青山学院大学社会情報学部 教授 苅宿俊文氏
　ワークショップデザイナー推進機構 副理事長 大阪大学特任講師（当時）蓮行氏

～このケースから学べる，場づくりのヒント～

◎理論（大学・研究者）と実践（実践家）の協働による学習プログラム
◎履修生の多様性を生かした「越境」体験
◎学習者が運営側にもまわっていく持続的な学習コミュニティづくり

事例3-2 サイボウズ チームワーク総研（チームワーク創造メソッド）

● 社内向けに開発してきたチームワークのノウハウを社外へ

企業活動においてチームワークを向上させることは，業績や従業員の定着に
も直結する重要課題である。生産年齢人口（15歳～64歳）が急激に減少してい

る日本では多様な働き方に対応した「働き方改革」が急務とされ，2018年1月召集の通常国会で安倍首相は働き方改革関連法案を最重要政策に掲げた。

　こうした情勢下，チームワークに関する研究を行う「チームワーク総研」を設立した企業がある。グループウェアや業務改善サービスを提供するソフトウェア会社のサイボウズだ。サイボウズは，1997年の設立以来，2000年に東証マザーズ上場，2002年に東証二部，2006年に東証一部に市場変更と，急成長をとげたベンチャー企業である。一方，急成長の最中にあった2005～2006年の離職率は28％ときわめて高くなり，その影響で売上が横ばいになるなど業績面への影響も出ていた。そこで人事制度を刷新し，社内研修にも注力し，社内のチームワーク改善を経営の最優先事項として取り組んだ[5]。創業メンバーで2005年からは代表取締役社長を務める青野慶久氏が，トップ自ら率先して育児休暇を取得したことも話題となり，2014年には経済産業省主催の「ダイバーシティ経営企業100選」にも選出されている。青野社長は，働き方改革の実践家かつ論客として各メディアや講演で多くコメントしているほか，各省庁の働き方変革プロジェクトの外部アドバイザーも務めている。

　企業理念に「チームワークあふれる社会を創る」を掲げている同社は，自社での働き方改革や組織運営で蓄積したノウハウを社外向けにも提供している。2008年からはチームワークを発揮して顕著な実績を残した組織・団体を表彰する「ベストチーム・オブ・ザ・イヤー」を開催し，2014年からは企業や教員，小中高大学生を対象に「チームワークを教える」活動をスタートさせている。これらの活動から発展して2017年には「チームワーク総研」を設立し，人事制度やメソッドを紹介するセミナーを開催するほか，各企業や団体向けの講演，研修，コンサルティングを行っている。

● 2015年に移転した東京オフィスのコンセプトは「Big Hub for Teamwork」

　サイボウズは2015年に東京オフィスを東京日本橋タワー（東京都中央区）に移転した。オフィスのコンセプトは「Big Hub for Teamwork」で，さまざま

写真2-32　東京オフィスでのセミナーや研修の様子

なチームのハブになる場として設計されている。エントランスから広く続くオープンスペースを「サイボウ樹パーク」という遊び心のある空間にし，キッチンやバースペースも併設することで社内外のイベントに利用できるようになっており，同社が提供する研修やセミナーも多く開催されている。

● チームワークを発揮するための前提条件とプログラム

　サイボウズでは，チームワークの定義と，チームワークを発揮するうえでの基本要件を以下のように整理している。

〈チーム，チームワークの定義〉
　・「チーム」とは，ある目標に向かって集まった組織体のこと
　・「チームワーク」とは，目標を達成するために，チームメンバーで役割を分担して協働すること

表 2-5 〈チームワークを発揮するために必要な 5 つのポイント〉

① 理想を創る	ゴールは何か
② 役割分担	メンバーはそれぞれ何をするのか
③ コミュニケーション	メンバー間でコミュニケーションができているか
④ 情報共有	メンバーが同じ情報やノウハウを共有しているか
⑤ モチベーション	一人ひとりのモチベーションは維持向上しているか

　そして，サイボウズが提供する研修は，大きく「チームワーク創造」「モチベーション創造」「問題解決」の 3 つに分類される。これらは同社の新入社員研修や社内の議論で用いられるフレームワークだという。この 3 つのメソッドを織り交ぜて学校向けに用意されたものに「TPC プログラム」がある。学校で設定した社会課題に沿って，半年から通年をかけてチームで調査，解決策をまとめ，プレゼンテーションを行うもので，主に SGH（スーパーグローバルハイスクール）で実施されている。このほか，チームワーク体験プログラムとして，中・高校生に実施が増えている代表的なプログラムが，以下である。

〈プログラム例：チームで仕事体験！プログラム〉
「○○の紹介動画をつくってみよう」（○○は学校名，修学旅行先など）
　・所要時間：約 2 時間
　・ねらい：チーム内での合意形成や役割分担が不可欠な動画制作を通じて，
　　　　　　限られた時間内にチームで成果を上げる楽しさと難しさを学ぶ。
　・概　要：4〜5 人のチームを組んで「CM 制作会社」となり，内容や役割
　　　　　　分担を決めたうえでタブレットを使って 30 秒 CM を制作する。
　　　　　　動画編集はあえて NG としノーカットの一発撮影とする。
　・プログラムの流れ
　　▽チームの体験ワーク（ペーパータワー）
　　　4〜5 人のチームに分かれ，制限時間 2 分以内で A 3 用紙 2 枚を用いて
　　　できるだけ高いペーパータワーを作るワークを行う。
　　▽チームワークとは？

計画通りに進める難しさと重要性を体感したところで，一人ひとりの多様な能力を生かすことこそ本来のチームワークであることを解説する。

▽動画撮影の事前準備

ワークシートをもとに，チームごとに下記の項目を決めていく。

① 30秒CMのコンセプト（誰に，何と言ってもらうのか）を確認する。

② 動画撮影ポイント（場所，人物，食べ物，スポットなど）を決める。

③ 役割分担を決める。

④ 撮影時間内（約1時間）のタイムスケジュールを立てる。

⑤ 30秒動画の内容を考える。

▽撮影場所での撮影（1時間）

▽上映・ふりかえり

このプログラムでは，動画の完成度を高めることに目的があるのではなく，むしろ動画制作の過程で「思い通りにいかなかったこと」「失敗しなければ気づけなかったこと」があればあるほど学びも大きく，ふりかえりが重要であるという。後で編集作業ができない撮影だからこそ，生徒も真剣に取り組み集中する。アイデアを出し合うだけでなく，各自が役割と責任をもって真剣に向きあうことは，仕事場のもつ緊張感を体験する機会にもつながるだろう。このようなチームワークの普遍的なノウハウが企業や学校の壁を越えて，社会の共通言語のように広がっていくことを期待したい。

（取材協力）サイボウズ株式会社 チームワーク総研 椋田亜砂美氏

～このケースから学べる，場づくりのヒント～

◎参加者のフラットで活発な対話を促す，オープンな空間づくり

◎自分たちが実践して効果があったメソッドからの展開

◎チームで限られた時間内に成果を上げる経験

社会に広がる協働学習　第❷章

事例3-3　日本ブラインドサッカー協会（研修，ワークショップ）

● **コミュニケーションのあり方に大きな意識変化をもたらす体験**

　自分と異なる立場におかれた他者の立場を理解し，他者と協働するうえでの信頼関係を構築できる「自分のあり方」を考えるには，知識として学ぶだけではなく，何らかの方法で他者の立場を擬似的に「体験」する機会を持つことが有効である。自分に見えている世界と他者に見えている世界がいかに違うかを実感し，普段あまり意識していないことに注意を向けるような体験プログラムには，短時間でも大きな意識変化をもたらす力がある。その代表例に，視覚を遮る体験から深い学びをもたらすプログラムが挙げられる。これは，視覚障がい者への理解を深めるだけでなく，健常者も含めた日常的なコミュニケーションのあり方やダイバーシティの本質について考える契機となる。

● **ブラインドサッカーを通じて得られる学びを提供するワークショップ**

　ブラインドサッカーは視覚を閉じた状態でプレーする5人制のサッカーで，ボールの音や仲間の声を頼りにプレーを行うスポーツである。1980年代初頭に開発され，ヨーロッパや南米を中心に普及してきた。日本では1990年代から盲学校で独自のルールが考案されていたが，現在プレーされている国際ルールが2001年に上陸し，2003年に初めての全国大会「第1回日本視覚障がい者サッカー選手権」が開催された。2004年のアテネ大会からパラリンピックの正式種目となったことで世界的にも注目が集まり，日本も2020年に東京で開催されるパラリンピック

写真2-33　ブラインドサッカーの競技シーン

出典：JBFA[6)]

101

への出場が決定している。この競技の特徴のひとつに，視覚障がい者だけでなく健常者（晴眼者）もアイマスクをつけて参加できる点がある（国内ルールのみ）。両者が力を合わせてプレーすることによってさまざまな気づきや感動をもたらすことから，日本ブラインドサッカー協会（JBFA）では，競技の普及・強化事業だけではなく，このようなブラインドサッカーを通じて得られる学びを提供するワークショップや授業を展開している。企業・法人向けには，コミュニケーションスキル，チームビルディング，リーダーシップ，ボランティア精神，障がい者理解などを目的にした従業員研修「OFF T!ME Biz」を実施しており，学校向けには，小学校や中学校の総合学習の時間などで実施できるブラインドサッカーの体験授業「スポ育」を提供している。

● **チームビルディングに欠かせない「多様性適応力」**

　JBFAでは，このようなコミュニケーションやチームビルディングの学びの先に，現代社会で求められる「各自が個性を発揮しチームとして生かしあうことで成果をあげる」というスキルやマインドの醸成があるとし，これを「多様性適応力」と称している。そして，この多様性適応力を可視化する目的で，JBFAは慶應義塾大学大学院システムデザイン・マネジメント研究科とともに

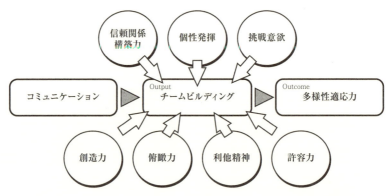

図2-12　ブラインドサッカーのワークショップが提供する価値
出典：JBFA資料

社会に広がる協働学習　第❷章

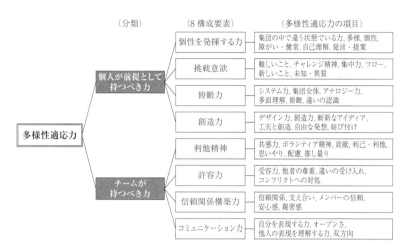

図 2-13　多様性適応力 8 構成要素の分類とそのロジックツリーおよび収集した項目の関係図
出典：津々木ほか，2015[7)]

「多様性適応力インデックス」という評価尺度を協働開発した。[7)]

　多様性適応力を「個人が前提として持つべき力」と「チームが持つべき力」の2つに大分類したうえで，8つの因子（「個性を発揮する力」「挑戦意欲」「俯瞰力」「創造力」「利他精神」「許容力」「信頼関係構築力」「コミュニケーション力」）に分類している。JBFAの研修やワークショップの参加者が回答するアンケートをもとに点数化し，個人や組織の多様性適応力の測定に活用されている。チームワークを高めるうえで，一人ひとりがどの部分に改善の余地があるのか，チーム内でどの部分に改善の余地があるのかを具体的な項目で確認できるとともに，体験プログラムの効果も可視化できる意義がある。

　（取材協力）日本ブラインドサッカー協会（JBFA）事務局長　松崎英吾氏

～このケースから学べる，場づくりのヒント～

◎視覚遮断によって大きな気づきをもたらす体験プログラム
◎チームスポーツと組織運営に共通するチームビルディングに着目
◎「多様性適応力インデックス」という評価指標での可視化

〈引用・参考文献〉

1) 青山学院大学社会情報学部ワークショップデザイナー育成プログラム
   http://wsd.irc.aoyama.ac.jp/
   （デジタルパンフレット）http://wsd.irc.aoyama.ac.jp/inc/pamphlet/
   （2018年2月1日アクセス）
2) 苅宿俊文・高木光太郎・佐伯胖編『ワークショップと学び1 まなびを学ぶ』東京大学出版会，2012，p. 18
3) 苅宿俊文・高木光太郎・佐伯胖編，前掲書2），2012，p. 24
4) 平田オリザ・蓮行『コミュニケーション力を引き出す：演劇ワークショップのすすめ』PHP研究所，2009
5) 青野慶久『チームのことだけ，考えた。：サイボウズはどのようにして「100人100通り」の働き方ができる会社になったか』ダイヤモンド社，2015
6) 日本ブラインドサッカー協会　http://www.b-soccer.jp/（2018年2月1日アクセス）
7) 津々木晶子・氏橋祐太・白坂成功・松崎英吾・前野隆司「多様性適応力評価尺度の開発と適用の試み―日本ブラインドサッカー協会のワークショップを対象として―」『スポーツ産業学研究』Vol. 25，No. 2，日本スポーツ産業学会，2015，pp. 277-291
   https://www.jstage.jst.go.jp/article/sposun/25/2/25_2_277/_pdf
   （2018年2月1日アクセス）

第3章 協働学習の学習デザインと可能性
~大学教育の変化と表現学科での授業実践~

 最終章では，大学教育の変化とそこで求められる協働学習の学習デザインについて，筆者の大学での授業実践例もまじえて紹介する。大学の授業といえば，広い階段教室で行われる講義の印象が一般的には強いかもしれない。そのような大人数の授業だけでなく，少人数のゼミ活動，学外でのフィールドワークやキャリア教育も含めて，大学に広がる多様な協働学習の可能性を考えていく。

1．大学教育の質的転換と授業改革

●「量から質へ」の転換

 大学教育には，現在どのような変化が生まれているのだろうか。これを考えるうえでは，大学がこれまでに求められてきたことと，今後求められる変化についての背景を確認しておく必要がある。

 現行の大学制度が発足したのは1949（昭和24）年である。以降，日本国内の大学は，入口（入学）と出口（卒業）への対応で最適化できるように変化してきた。とくに入口では進学年齢層である18歳人口の影響が大きい。この18

表3-1 大学の入口（入学），出口（卒業）における関連要素

大学の接点	主要な関連要素		求められる対応
①入口 （入学）	・18歳人口 ・大学数 ・進学者のニーズ ・入試制度・選抜方法	・大学進学率 ・入学定員数 ・進学者の経済負担 ・留学生比率　　など	中長期予測に もとづく 量的な対応
②出口 （卒業）	・求人数・求人倍率 ・就職率 ・採用ニーズと学生のマッチング	・労働人口の動向 ・大学院進学率 　　　　　　　　　　など	社会変化の 速度に応じた 質的な対応

歳人口には2つのピークがあった。1つ目のピークは、戦後のベビーブームによる「団塊の世代」で膨らんだ1966年の249万人、そして2つ目のピークは

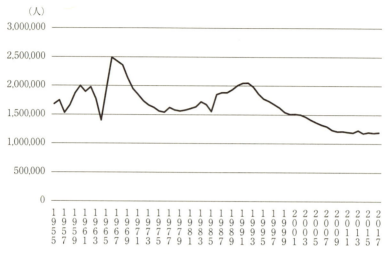

図3-1　日本の18歳人口の推移

出典：文部科学省「学校基本調査」より

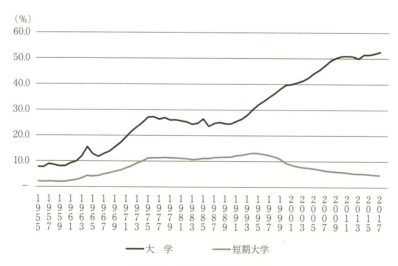

図3-2　大学進学率の推移

出典：文部科学省「学校基本調査」より

協働学習の学習デザインと可能性　第❸章

表 3-2　1960 年代以降の日本の大学教育政策の変遷

年代		西暦	元号	おもな大学教育政策
1960年代	大学の量的増加	1960	昭35	
		1961	昭36	
		1962	昭37	
		1963	昭38	
		1964	昭39	・中央教育審議会答申「大学教育の改善について」
		1965	昭40	・私立大学・短期大学の学生数の大幅な増加
		1966	昭41	(1965年～1969年の4年間で53万人増) ・18歳人口249万人、大学進学率16.1%(大学＋短期大学)
		1967	昭42	
		1968	昭43	・大学紛争期へ
		1969	昭44	
1970年代	大学の質的改革の広がり	1970	昭45	・私立大学に対する人件費を含む経常費補助制度を創設
		1971	昭46	・中央教育審議会答申「今後における学校教育の総合的な拡充整備のための基本的施策について」, 学校法人会計基準を新たに制定・施行
		1972	昭47	
		1973	昭48	
		1974	昭49	
		1975	昭50	・私立学校振興助成法を制定(私学助成が格段に充実)
		1976	昭51	
		1977	昭52	
		1978	昭53	
		1979	昭54	
1980年代	大学の個性化が進む	1980	昭55	
		1981	昭56	
		1982	昭57	
		1983	昭58	
		1984	昭59	・臨教審(臨時教育審議会)設置:大学設置基準などの規制を緩和し、自己改革を促す。
		1985	昭60	
		1986	昭61	・臨教審第二次答申:高等教育機関の多様化と連携、学部教育の充実と個性化、大学の評価と大学情報の公開、大学院の飛躍的拡大と改革等
		1987	昭62	・学校教育法改正 ・大学審議会創設
		1988	昭63	
		1989	平元	
1990年代	大学の法的規制緩和	1990	平2	・大学入試センター試験の導入開始
		1991	平3	・大学審議会答申「大学教育の改善について」 ・大学設置基準改正(大綱化) ・18歳人口が2回目のピークを迎える、学位授与機構の創設
		1992	平4	・大学進学率38.9%(大学＋短期大学)
		1993	平5	
		1994	平6	
		1995	平7	
		1996	平8	
		1997	平9	
		1998	平10	・中央教育審議会答申「21世紀の大学像と今後の改革方策について」
		1999	平11	
2000年代	大学教育の質保証と少子化への対応	2000	平12	・18歳人口が150万人に減少
		2001	平13	・大学設置基準の大綱化
		2002	平14	・中央教育審議会答申「大学の質の保証に係る新たなシステムの構築について」
		2003	平15	・「特色ある大学教育支援プログラム(特色GP:選定19年度まで)」
		2004	平16	・学校教育法改正 ・認証評価制度開始、国立大学の独立行政法人化、「現代的教育ニーズ取組支援プログラム(現代GP)」開始(～平19年度まで)
		2005	平17	・中央教育審議会答申「我が国の高等教育の将来像」 ・18歳人口137万人、大学進学率51.5%(ユニバーサル化)
		2006	平18	
		2007	平19	
		2008	平20	・中央教育審議会答申「学士課程教育の構築に向けて」 ・中教審答申の中に「自校の歴史の学習」が挙がる、「質の高い大学教育推進プログラム(教育GP)」開始
		2009	平21	・大学全入時代の到来(時期の定義は諸説) ・「大学の国際化のためのネットワーク形成推進」事業("Global30")
2010年代	大学教育の質的転換と大学改革	2010	平22	
		2011	平23	・文部科学省「大学改革実行プラン」公表
		2012	平24	・中央教育審議会答申「新たな未来を築くための大学教育の質的転換に向けて」 ・「グローバル人材育成推進事業」("Go Global Japan"(GGJ))
		2013	平25	・教育再生実行会議第三次提言「これからの大学教育の在り方について」 ・「大学力」の向上のため、組織的・体系的な改革に取り組む私立大学等を一定数選定し, 私立大学等経常費補助金、施設整備費、設備整備費を一体として重点的に支援する 「私立大学等改革総合支援事業」
		2014	平26	・中央教育審議会大学分科会「大学ガバナンス改革の推進について」の創設 ・「スーパーグローバル大学等事業」スタート、海外留学支援制度(グローバル人材育成コミュニティ)の創設
		2015	平27	・大学設置法改正(教授会の学長諮問機関化)
		2016	平28	
		2017	平29	・東京23区における大学定員抑制の検討
		2018	平30	
		2019		・専門職大学、専門職短期大学を新設
		2020		・大学入試改革

107

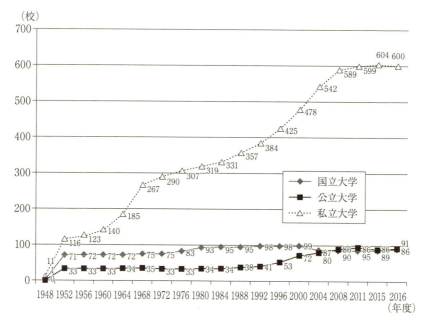

図 3-3　日本の大学数の推移
出典：文部科学省「学校基本調査」より

その子ども世代の「団塊ジュニア」を多く含む 1991 年の 204 万人である。大学進学率も上昇傾向にあり大学定員の大幅な増員が不可欠となったため，国は私立大学を増やすことによってこれに対応しようとした。1955（昭和 30）年には中央教育審議会で「私立学校教育の振興について」の答申が，1984（昭和 59）年には臨時教育審議会の設置で大学設置基準等の規制緩和が進んだ。結果，1960 年代と 1990 年代に私立大学の数は急増し，4 年制の私立大学が量的な対応の担い手となった。

　そして，18 歳人口は 1991 年をピークに減少に転じ，その後も少子化が加速したことで，2009 年頃には大学進学希望者総数が大学入学定員総数と同じかそれを下回る「大学全入時代」に突入した。2017 年の 18 歳人口は 120 万人を切り，国の推計では 2030 年には約 100 万人，2040 年には約 80 万人まで減少するとされ，大学の定員充足はますます難しくなることが予測される。一方，

108

出口の変化も大きい。技術革新のスピードは速まり，ICT やネットワークを活用した社会への対応，少子高齢化による社会構造の変化への対応も必要となる。2012（平成24）年の中央教育審議会の答申では，このような社会変化に対応して大学教育の質的転換の必要性が示された（「新たな未来を築くための大学教育の質的転換に向けて〜生涯学び続け，主体的に考える力を育成する大学へ〜」）。答申では「生涯にわたって学び続ける力，主体的に考える力を持った人材は，学生からみて受動的な教育の場では育成することができない」として，「能動的学修（アクティブ・ラーニング）への転換」が必要であると述べられている（次ページ）。従来の大学にもアクティブ・ラーニングは存在していたが，それは個々の教員のあり方に依存したものであった。この答申を契機に，大学が組織としてアクティブ・ラーニングに取り組む動きが進んだ。なお，ここでアクティブ・ラーニングの定義について触れておく。先の答申に付記された用語集では以下の定義がされている。

【アクティブ・ラーニング】教員による一方向的な講義形式の教育とは異なり，学修者の能動的な学修への参加を取り入れた教授・学習法の総称。学修者が能動的に学修することによって，認知的，倫理的，社会的能力，教養，知識，経験を含めた汎用的能力の育成を図る。発見学習，問題解決学習，体験学習，調査学習等が含まれるが，教室内でのグループ・ディスカッション，ディベート，グループ・ワーク等も有効なアクティブ・ラーニングの方法である。

　※ただし，アクティブ・ラーニングという言葉は，その後に大学教育だけでなくさまざまな教育場面で広く使われるようになり，具体的にどのような学びを指すかという解釈は個人や組織によって異なってきた。その多義性を懸念してか，2017年2月に公表された学習指導要領の改定案では，「アクティブ・ラーニング」という文言ではなく，「主体的・対話的で深い学び」と表現されるようになった。

このように，国の大学教育政策では量への対応から質への対応へと大きく舵が切られた。入口と出口の環境変化に対応しながら大学改革を進めなければな

らなくなった。とくに私立大学は，国の「私立大学等改革総合支援事業」における競争資金をめぐって，競争原理のもとで大学改革の断行に迫られている。これまで以上に大学には「教育力」が求められ，社会変化に対応したカリキュラムの見直しや授業改善を，組織的に見える形で進めていく必要がある。

〈平成24年8月　中央教育審議会　答申〉

　新たな未来を築くための大学教育の質的転換に向けて

　　～生涯学び続け，主体的に考える力を育成する大学へ～　より

4．求められる学士課程教育の質的転換（学士課程教育の質的転換）

　前述のとおり，我が国においては，急速に進展するグローバル化，少子高齢化による人口構造の変化，エネルギーや資源，食料等の供給問題，地域間の格差の広がりなどの問題が急速に浮上している中で，社会の仕組みが大きく変容し，これまでの価値観が根本的に見直されつつある。このような状況は，今後長期にわたり持続するものと考えられる。このような時代に生き，社会に貢献していくには，想定外の事態に遭遇したときに，そこに存在する問題を発見し，それを解決するための道筋を見定める能力が求められる。

　生涯にわたって学び続ける力，主体的に考える力を持った人材は，学生からみて受動的な教育の場では育成することができない。従来のような知識の伝達・注入を中心とした授業から，教員と学生が意思疎通を図りつつ，一緒になって切磋琢磨し，相互に刺激を与えながら知的に成長する場を創り，学生が主体的に問題を発見し解を見いだしていく能動的学修（アクティブ・ラーニング）への転換が必要である。すなわち個々の学生の認知的，倫理的，社会的能力を引き出し，それを鍛えるディスカッションやディベートといった双方向の講義，演習，実験，実習や実技等を中心とした授業への転換によって，学生の主体的な学修を促す質の高い学士課程教育を進めることが求められる。学生は主体的な学修の体験を重ねてこそ，生涯学び続ける力を修得できるのである。

　学生の主体的な学修を促す具体的な教育の在り方は，それぞれの大学の機能や特色，学生の状況等に応じて様々であり得る。しかし，従来の教育とは質の異なるこのような学修のためには，学生に授業のための事前の準備（資料の下調べや読書，思考，学生同士のディスカッション，他の専門家等とのコミュニケーション等），授業の受講（教員の直接指導，その中での教員と学生，学生同士の対話や意思疎通）や事後の展開（授業内容の確認や理解の深化のための探究等）を促す教育上の工夫，インターンシップやサービス・ラーニング，留学体験といった教室外学修プログラム等の提供が必要である。

　学生には事前準備・授業受講・事後展開を通して主体的な学修に要する総学修時間の確保が不可欠である。一方，教育を担当する教員の側には，学生の主体的な学修の確立のために，教員と学生あるいは学生同士のコミュニケーションを取り入れた授業方法の工夫，十分な授業の準備，学生の学修へのきめの細かい支援などが求められる。

協働学習の学習デザインと可能性　第❸章

● アクティブ・ラーニングの導入状況

　では，大学教員の授業改善はどのように進んでいるのだろうか。2017（平成29）年5月に公益社団法人私立大学情報教育協会がまとめた「私立大学教員の授業改善白書：平成28年度の調査結果」から抜粋して紹介しよう。この調査は，同協会に加盟する大学・短期大学の専任教員1万6,125名（266校）の回答から集計されたものだ。まず，アクティブ・ラーニングの実施状況では，大学で約5割，短期大学で約6割の教員が実施していると回答した。

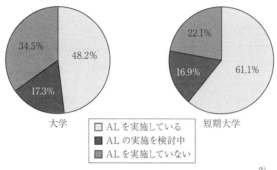

図 3-4　アクティブ・ラーニング（AL）の実施状況[2]

出典：私立大学情報教育協会「平成28年度私立大学教員の授業改善白書」

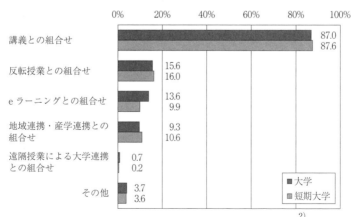

図 3-5　アクティブ・ラーニング（AL）の実施内容[2]

出典：私立大学情報教育協会「平成28年度私立大学教員の授業改善白書」

さらに，アクティブ・ラーニングを実施していると回答した教員に具体的な実施内容をたずねたところ，圧倒的に多いのは「講義との組合せ」で，反転授業やeラーニングとの組合せなどは一部の教員の実施にとどまっている。

しかし，専攻分野別のクロス集計を見ると，情報科学系では「eラーニングとの組合せ」が，芸術系や社会科学系では「地域連携・産学連携との組合せ」の実施率が他の分野に比べ高いなど，専攻による特徴も確認できる。

表3-3　アクティブ・ラーニング（AL）の実施内容〈分野別〉[2)]

【分野別の回答】　　　　　　　　　（集計対象：AL を実施または検討中の回答者　斜体：平均以上の数値）

上段：大学回答者 下段：短期大学回答者	総計	人文科学系	社会科学系	理学系	工学系	情報科学系	農学系	保健系	生活・家政系	教育系	芸術系	教養系	学系不明
	9,990名	1,881名	1,819名	558名	882名	437名	247名	2,085名	356名	905名	320名	394名	106名
	555名	95名	64名	15名	22名	26名	7名	65名	95名	102名	36名	23名	5名
講義との組合せ	87.0%	85.6%	87.8%	88.2%	83.7%	81.9%	88.7%	89.7%	87.1%	91.3%	79.7%	82.2%	83.0%
	87.6%	84.2%	90.6%	100.0%	95.5%	61.5%	85.7%	93.8%	88.4%	92.2%	80.6%	73.9%	100.0%
反転授業との組合せ	15.6%	15.3%	14.8%	17.6%	19.0%	19.7%	13.4%	15.0%	13.2%	14.0%	13.1%	17.0%	16.0%
	16.0%	15.8%	10.9%	20.0%	27.3%	30.8%	28.6%	15.4%	18.9%	11.8%	16.7%	8.7%	0.0%
eラーニングとの組合せ	13.6%	15.5%	12.9%	15.4%	13.2%	24.5%	7.7%	15.2%	9.6%	6.9%	5.0%	14.0%	16.0%
	9.9%	14.7%	9.4%	0.0%	18.2%	38.5%	14.3%	3.1%	8.4%	4.9%	2.8%	17.4%	0.0%
地域連携・産学連携との組合せ	9.3%	4.7%	17.6%	2.2%	10.0%	5.0%	15.0%	5.4%	11.8%	8.5%	21.3%	11.9%	15.1%
	10.6%	5.3%	14.1%	0.0%	0.0%	7.7%	0.0%	9.2%	17.9%	11.8%	11.1%	13.0%	20.0%
遠隔授業による大学連携との組合せ	0.7%	1.1%	0.7%	0.7%	0.2%	0.2%	0.8%	0.7%	0.0%	0.4%	1.3%	0.3%	0.0%
	0.2%	0.0%	0.0%	0.0%	0.0%	0.0%	1.5%	0.0%	0.0%	0.0%	0.0%	0.0%	0.0%
その他	3.7%	3.0%	3.3%	6.1%	3.9%	3.7%	4.9%	3.0%	3.7%	4.0%	7.5%	4.1%	6.6%
	3.6%	3.2%	3.1%	6.7%	0.0%	0.0%	7.7%	1.1%	4.9%	8.3%	0.0%	0.0%	0.0%

出典：私立大学情報教育協会「平成28年度私立大学教員の授業改善白書」

次に，アクティブ・ラーニングが教育の質の向上にどう結びついているかを見ていく。まず，現状の学生の学修に対する問題をたずねたところ，「主体性の不足（授業には参加するが，自分から学び考える主体性が不足している）」が約6割でもっとも高く，次いで「基礎学力の不足（学修に必要な基礎学力が不足している）」，「学習意欲の不足（授業の事前準備や事後の展開に取り組む意欲が不足している）」が4割弱と続く（図3-6）。筆頭の課題である「主体性」が，アクティブ・ラーニングによって引き出されるかが鍵になるわけだが，こ

協働学習の学習デザインと可能性　第❸章

の狙い通り，アクティブ・ラーニングを実施している教員がアクティブ・ラーニングの教育効果でもっとも評価しているのが「主体性の向上（主体的に自分の考えを説明できる学生が増えた）」だった。次いで「暗記型の学修から考察型への学修に取り組む学生が増えた」「問題発見・解決を体験することで，実践力を身につけた学生が増えた」という項目が続いている（図3-7）。

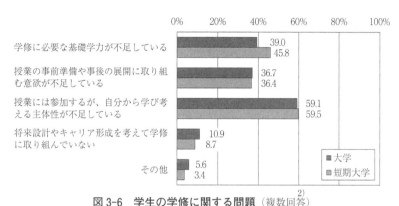

図3-6　学生の学修に関する問題（複数回答）[2)]

出典：私立大学情報教育協会「平成28年度私立大学教員の授業改善白書」

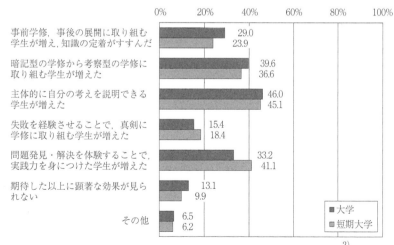

図3-7　アクティブ・ラーニング（AL）の教育効果（複数回答）[2)]

出典：私立大学情報教育協会「平成28年度私立大学教員の授業改善白書」

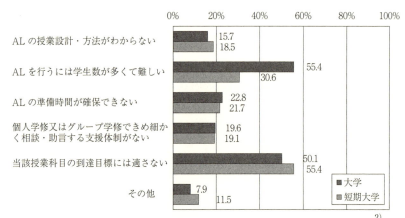

図 3-8 アクティブ・ラーニング（AL）を実施していない理由（複数回答）[2)]
出典：私立大学情報教育協会「平成28年度私立大学教員の授業改善白書」

　一方，アクティブ・ラーニングを実施していないと回答した教員に，実施していない理由をたずねたところ，大学教員では「学生数が多くて難しい」ことがもっとも多く，次に「当該授業科目の到達目標には適さない」が多かった。大人数教室での導入方法についてもさまざまな大学・教員で試行錯誤をされているが，教職員が協働して，授業環境を整え，教育の質を改善していくことが不可欠であろう。
　なお，本調査ではアクティブ・ラーニングの推進・普及のためには何が課題であるかも聞いている。そこで挙がっているのは，グループ学修に適した教室

写真 3-1　ラーニングコモンズ（淑徳大学 千葉キャンパスの例）

協働学習の学習デザインと可能性　第❸章

やICT機器等のラーニングコモンズの整備，アクティブ・ラーニングの支援体制などである。ラーニングコモンズ（Learning commons）とは，学生たちの主体的な学習を支援するために用意された空間のことで，図書館等に併設される例が多い。情報通信環境を整備し，学修活動の内容に応じて机やホワイトボード等を自由に使え，開放的でリラックスできる空間に設計されている。

　以上見てきたように，大学においても主体性を高める授業改善の中でアクティブ・ラーニングの導入が進んでおり，講義の中にグループ学修を取り入れることによって，学生が思考力，課題解決力，プレゼンテーション力等の実践的能力を高めていることがわかる。

● 教員が学ぶ「インタラクティブ・ティーチング」

　大学教員に求められることが大きく変化する流れを受けて，東京大学が，2014年に大学教員をはじめとする，教える立場にあるものの「教える力」の向上を目的としたオンライン講座「インタラクティブ・ティーチング」を開発した。この講座は，MOOC（Massive Open Online Course：大規模無料オンライン講座）の日本語版プラットフォーム「gacco」で8週間のプログラムとして公開され，2016年9月まで4回にわたり開講された後，書籍化もされた。[3]

　この講座のキャッチ・コピーには「聞くだけの授業は，終わりにしよう」で，大学教員を目指す大学院生，経験の浅い大学教員向けにアクティブ・ラーニングを促す授業づくりに必要な実践的能力について解説している。講座では，アクティブ・ラーニングの具体的な技法のみならず，90分授業のデザイン，伝え方のスキル，学習者のモチベーションなどの理論に基づいた授業デザイン，大学教員としてのあり方，ロールモデルとなる15人の大学教員へのインタビューなどが含まれている。日本の大学教員は，教育に関する資格は何も持っていない場合がほとんどなので，このように多面的に体系立てて学ぶ機会はこれまでになかった。またこの講座内容は高等教育だけでなく学びの場づくりに関わる人に広く参考になる内容であった。その背景もあってかオンラインの受講

115

登録者数は約 25,000 にのぼったという。

ここでは，この講座の関連書籍においてとりあげられている ARCS モデルを紹介したい。これは，モチベーションについての心理学からのアプローチを授業デザインに取り入れるモデルとして，J.M. ケラーが提唱したものである。[4]
学習者側のモチベーションを高めていくうえで，教員は注意 (Attention)，関連性（Relevance），自信（Confidence），満足感（Satisfaction）の 4 つのカテゴリーを意識して，授業を進めていくことが有効であると示している。たとえば「注意」には「知覚的喚起」「探究心の喚起」「変化性」というように，4 つのカテゴリーにはそれぞれ 3 つのサブカテゴリーがある。これらは，モチベーションを高めるための具体的な指針として用いることができる（表3-4）。

また，書籍化された本の「おわりに」には以下が記載されている。

　　学習者の学びを促すということにおいて，文字通り「インタラクション」（双方向性）をいくらデザインしたとしても，それが実質的に機能するには，学習者と教授者，そして学習者相互の尊重しあう関係性が決定的に重要です。私の授業では，相互のフィードバックを行う前に必ず確認するルールがあり

表3-4　学習者のモチベーションを高める ARCS モデル（J.M. ケラー）の活用例

ARCS	サブカテゴリーと授業での活用例
A（Attention） 注意	・知覚的喚起➡知覚を刺激する教材，感情に訴える話等 ・探究心の喚起➡探究心に訴える質問，理論の紹介等 ・変化性➡複数のユニットで構成，ワークを入れる等
R（Relevance） 関連性	・目的指向性➡学生の将来の職業等に関連づけた目標等 ・動機との一致➡学生の個人的興味との関連づけ等 ・親しみやすさ➡学生にとって身近な事例の活用等
C（Confidence） 自信	・学習要求➡具体的ですぐ取り組めるタスクの明示等 ・成功の機会➡ステップに分け小さな成功を増やす等 ・コントロールの個人化➡成果につながった努力を指摘等
S（Satisfaction） 満足感	・内的強化➡成果への的確なフィードバック，賞賛等 ・外的報酬➡課題へのスタンプ，表彰状，小さな報酬等 ・公平さ➡学生間で贔屓をしない，評価基準の説明等

出典：栗田ほか（2017）[3]の示した事例を引用して作表

ます。これは「3K」と称しますが,「敬意をもって,忌憚なく,建設的に」を意味します。これを全員が理解し実行できてはじめて,多様な方法がアクティブラーニングを促します。本書では,この点は,第3章のモチベーションに関する節でとりあげた「協調的な環境」が近い内容になりますが,それほど明示的にはなっていません。この点,最後に補足させていただきます。[3]

この尊重しあう関係性,とくに教授者が学習者を尊重するコミュニケーションは,この講座の動画内での栗田氏のあり方から強く伝わるものでもあった。

● 教員が学ぶ「ワークショップデザイン」「ファシリテーション」

このように教員のあり方を考えていくうえで,教員は自分の学生との関わり方を客観的に捉え,足りないと思われる技術を身につけていく必要がある。カウンセリングやコーチングの技術がその代表的なもので,教職にある人の中にも研修や書籍で学んでいる場合が少なくない。1対1の面談や少人数の間ではこのような技術がとても有効である。しかし,アクティブ・ラーニングの実践では,場に参加している学習者全員をどのように巻き込んでいくかという,全体を見渡すための技術があらたに必要になってくる。そこで有効な技術のひとつが,第2章で紹介した「ワークショップデザイン」である。筆者も,2012年に青山学院大学のワークショップデザイナー育成プログラムで学んだことが大学教員になってからの教育実践に生きていると感じる。同プログラムが位置づけているワークショップデザイナーの専門性は「コミュニケーションの場づくり」である。教員に必要な場づくりの技術がこの中にも多く存在する。

近年では,大学教育にもワークショップデザインの手法を取り入れる例が見られる。たとえば,大手広告代理店の博報堂出身でワークショップ企画プロデューサーの中野民夫氏は,2012年より同志社大学に着任し大教室での参加型授業の開発を進めた後,東京工業大学に転じて2016年よりリベラルアーツ研究教育院教授として同学の「立志プロジェクト」という新入生全員の必修授業における少人数クラスでの学習デザインを担当している。授業の開講前には,

大学教員を対象に 2 日間に渡る研修を行い,「ファシリテーター」という支援型のリーダーシップのノウハウを共有して臨むなど,組織的な取り組みがなされている[5]。ここでファシリテーション,ファシリテーターについても,定義を確認しておく。日本ファシリテーション協会の定義は以下である[6]。

　ファシリテーション（facilitation）とは,人々の活動が容易にできるよう支援し,うまくことが運ぶよう舵取りすること。集団による問題解決,アイデア創造,教育,学習等,あらゆる知識創造活動を支援し促進していく働きを意味します。その役割を担う人がファシリテーター（facilitatior）であり,会議で言えば進行役にあたります。

　そして,ファシリテーションの 4 つのスキルとして,以下が示されている。

1. 場のデザインのスキル　〜場をつくり,つなげる〜
2. 対人関係のスキル　〜受け止め,引き出す〜
3. 構造化のスキル　〜かみ合わせ,整理する〜
4. 合意形成のスキル　〜まとめて,分かち合う〜

　これらのスキルは,集団で物事を進めていく際にどこでも応用できるものであり,教員にとっては「教える」技術だけでなく,「学び合う」参加型の場を創る技術を高めるうえで有効な学びである。ワークショップデザインやファシリテーションの手法を学び取り入れていくことは,学生の満足度や主体性につながっていくことだろう。

〈引用・参考文献〉
1) 文部科学省中央教育審議会答申「新たな未来を築くための大学教育の質的転換に向けて〜生涯学び続け,主体的に考える力を育成する大学〜」2012
http://www.mext.go.jp/b_menu/shingi/chukyo/chukyo0/toushin/1325047.htm
（2018 年 2 月 1 日アクセス）
2) 公益社団法人私立大学情報教育協会「私立大学教員の授業改善白書：平成 28 年度の調査結果」2017
3) 栗田佳代子・日本教育研究イノベーションセンター編『インタラクティブ・ティーチング：アクティブ・ラーニングを促す授業づくり』河合出版,2017
4) J. M. ケラー著,鈴木克明監訳『学習意欲をデザインする：ARCS モデルによるインスト

ラクショナルデザイン』北大路書房，2010
5）中野民夫『学び合う場のつくり方：本当の学びへのファシリテーション』岩波書店，
2017，pp. 4-52
6）特定非営利活動法人日本ファシリテーション協会「ファシリテーションとは」
https://www2.faj.or.jp/facilitation/（2018年2月1日アクセス）

2. 「伝える力」の育成を目指す表現学科での授業実践

● クリエイティブ・ラーニング・スパイラル

　ここからは，自身の大学での授業実践について紹介したい。所属する淑徳大学人文学部は，2014（平成 26）年 4 月に開設したまだ歴史の浅い学部で，筆者はこの学部開設と同時に表現学科に着任した。民間企業からの転職で教職歴がなかったため，授業の設計にあたっては各教育機関のアクティブ・ラーニングの導入例や社会人教育に取り入れられている学習デザインの中から学科の教育目標に照らして参考になるものを取り入れてきた。なお，この表現学科では，放送，文芸，編集の 3 領域を中心にさまざまな表現方法を横断的に学び，どの時代にも求められる「伝える力」を育成することを目指している。そして，学生の協働性と創造性を高める目的で，1 年次の必修科目に演劇の授業を設定しているほか，少人数制を生かした協働学習に力を入れている。

　担当する授業では，学生が作品を多面的・多角的に分析することや課題創作に取り組むことが多い。そのため，学生の多様性を生かした創造性の高い学び場を創ることを意識している。その根底には，「クリエイティブ・ラーニング・スパイラル」という学習観を据えている。これは米国マサチューセッツ工科大学メディアラボのミッチェル・レズニック教授が人間の創造性を支援するテク

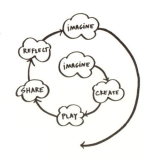

図 3-9　クリエイティブ・ラーニング・スパイラル
出典：Mitchel Resnick, 2007[1)]

ノロジーを研究開発する中で示したものである。幼稚園で幼児が体験するような創造的な学びを，生涯にわたって継続することにより，人は創造性を発揮できるとしている。図のスパイラルのように，アイデアや着想が思い浮かんだら（IMAGINE），それを試しに創り（CREATE），プレイし（PLAY），人と共有し（SHARE），その反応などからふりかえり（REFLECT），また次のアイデアが思い浮かんだら（IMAGINE）…というように繰り返し，らせん状に学びが深まっていく。幼児期の遊びでは，このクリエイティブ・ラーニング・スパイラルが子どもたちの間で自然とまわっていることが多い。もっとも象徴的なのが，砂場での遊びだ。ある子どもは砂を盛って山を作り，ある子どもは穴を掘って池を作り，また別の子どもは出来上がった山にトンネルを作ることを思いつく。じゃあトンネルを一緒に作ろうと掘り始めると，せっかくできた山が崩れそうになる。どうしたら上手くトンネルを貫通できるだろうかと考え，試行錯誤していくうちに，山をしっかり押し固めることやトンネルの位置などを工夫して，いよいよ完成する。あるいは，砂団子を作ろうと考える子どもは，母親がおにぎりを作っているときの様子を思い出し，丸い団子を作ろうと試みる。しかし，さらさらした砂ではすぐに形が崩れてしまう。それを見ていた隣の子どもは，砂に少し水を混ぜると形が崩れなくなることに気づき，隣の子どもにそれを見せて一緒に作り始める。…このように，砂場という空間の中で，数名の子どもたちがそれぞれに思いついたアイデアを試み，相互にそれを共有し，さらに面白い遊び方を思いつき，思いがけない作品が出来上がる。他者と関わり合うことによって互いの創造性が高まり，多様で深い学びが生まれる。

　このクリエイティブ・ラーニング・スパイラルを，大学の授業でもまわしていくことが筆者の教員としての目下の目標となっている。表現学科の学生は，大学でさまざまな創作や表現活動を行うが，それは決してひとりで究めていくものではない。先の砂場の中の子どもたちのように，アイデアや作品を他者と共有し，その反応を通して新たな気づきや学びが得られ，他者のアイデアにも刺激を受けながら，自分のアイデアや作品がさらに磨かれる醍醐味を感じて欲しい。この方針は，筆者が担当する大半の科目の1回目の授業で，図を示して

上から見ると… 横から見ると…

図 3-10 らせん状の学び

説明するようにしている。IMAGINE → CREATE → PLAY → SHARE → REFLECT → IMAGINE → …を繰り返すらせん状の学びによって，視点が上がり，新たに見えてくる世界が変わるということを説明している。

　なお，表現学科の学生には，大学卒業後に表現に関わる仕事を目指している学生も多い。社会に出れば，コンテンツや広告などクリエイティブの職場では，多面的にアイデアを出し合うことが日常であり，アウトプットの質も量も問われる。最初から完成度の高いものを1つだけ出すというアプローチではなく，まずはアイデアをいろいろと出し，互いにそのアイデアについて感じるところを伝え合い，企画を磨いていくプロセスを踏むことが多い。そこではクリエイティブ・ラーニング・スパイラルがまわっている。筆者のキャリアを振り返っても，編集者としての基本要件として常にクリエイティブ・ラーニング・スパイラルを実践していた。その原点は駆け出しの編集者時代の編集会議にあり，そこで「三つ子の魂」のように協働的に学ぶ姿勢を授かったように思う。編集会議には程良い緊張感もあるが，どこか全員がリラックスして次々に発言できる空気が醸成されていた。編集部員にはそれぞれ得意領域と個性があり，各自がアイデアを出すことで企画がどんどん磨かれていく。その場には，どんな発言をしても良いという「安心・安全」が確保されており，編集長や同僚等の「リスペクトする存在」もあった。だからこそ，周囲の刺激を受けながら自ら積極的に発言し，毎回大きな学びがあり，成長感があった。この「編集部のような学び場を創る」ことが，今の大学での場づくりの目標である。

協働学習の学習デザインと可能性　第❸章

● **共有の度合いを段階的に上げていく協働学習**

　一方，アイデアや作品を人前で披露することに，当初はためらいや抵抗感のある学生も少なくない。自分の発言に対して否定的な反応が出ることへの不安や人前で話すことへの恥ずかしさがあるためだ。この心理的な抵抗感を薄めるには，まず学生がその場に「安心」「安全」を感じられることが必要になる。後述するゲーム性のあるワークを取り入れるなどして，リラックスした雰囲気を作ったうえで，「この場は評価や批判をする場ではなく，それぞれ感性の異なる同士がアイデアや考えを共有し，互いのアイデアを高めていく場である」ことを伝えている。そして，各自の感じていることの背景には何があるのかを互いがたずねあうことによって，人間がどのようなものに共感を覚えたり不快に思ったりするのかをより深く理解でき，それは自分の企画や創作にも生きてくるということを説明している。なお，SNSでの短い言葉によるコミュニケーションが日常にあふれる現代では，自分の感じていることを述べる際に，「ヤバい」に象徴されるビッグワード（抽象的で大きすぎる概念の言葉，多義性のある言葉など）が多発される傾向にある。「『ヤバい』を1日に100回以上使っている人は？」と教室できくと，必ず何人もの手が挙がる。当人は「！」の意味でポジティブな意味にもネガティブな意味にもそのどちらでもない意味にも使う場合があるので，このような多義性の高い言葉が出たときほど，聞き手が具体的な言葉を引き出せる質問をするように促している。

図3-11　相手の感じていることを「翻訳できる質問」をして理解する

表 3-5　創作における協働学習の活用

創作における協働学習のアプローチ	学習デザイン上のポイント	授業科目やゼミ活動での具体例
① 他者の視点や反応を自分の作品に生かす	・共有することの心理的ハードルが低いことから始め，段階的に共有の度合いを上げていく ・「優れている・劣っている」の評価軸ではなく，着眼点の個性とその背景を理解することに重点を置く	〈少人数共有タイプ〉 ・インタビューワーク ・ワークシート等のグループ内共有・フィードバック ・小説通読後のグループ・ディスカッション 〈全体共有タイプ〉 ・マイクリレーによる作品共有とフィードバック ・朗読会による作品共有・フィードバック ・ワールド・カフェによるアイデア共有 ・ポスター・セッションによる作品共有とフィードバック ・作品の読み合い会 ・視察報告プレゼンテーションとディスカッション 〈ゼミタイプ〉 ・コンテンツ業界のマーケットトピックスの持ち寄り共有と全体ディスカッション ・研究中間報告の共有・フィードバック
② 他者の作品に貢献する	・「なぜ？」と聞きあう風土を作る ・情報提供や意見提示だけでなく，しっかり相手に「反応」を返すことも貢献につながると説明する ・自分の持っている情報，経験，視点の中で，他者の作品を深めるうえで参考になるものがないかを意識させる	
③ 他者を巻き込み企画や作品にまとめる	・「役割」から学ぶ機会を作る ・リーダーやファシリテーションなどの役割は一部の学生に固定化せず，できる限り全員が一度は経験するように進める ・ルーブリックや最終レポートなどで他者との協働をふりかえる機会を作る	・発表資料のグループ制作 ・共同インタビュー演習 ・持ち回りファシリテーション ・ゼミ内プロジェクト

　授業で取り入れている主な協働学習の内容と学習デザイン上のポイントを，上記の表にまとめる。前述のように，クリエイティブの現場では他者の視点を自分の企画や作品に次々と生かしていく吸収力や柔軟性が求められる。この力を高めていくステップとして，難易度の順に以下の3ステップが設定できる。

　① 他者の視点や反応を自分の作品に生かす

　② 他者の作品に貢献する

③ 他者を巻き込み企画や作品にまとめる

　①は企画や作品づくりを行う人には不可欠な姿勢であり，②や③は，ディレクターや編集者をはじめ人を巻き込んで価値を生み出すプロジェクト・リーダー全般に必要な力につながる。学生の心理的なハードルも考慮して，段階的に協働の度合いを上げていくようにカリキュラムを検討している。

　ここで，初学年の授業に取り入れている具体的なワークを紹介する。履修生は知らない同士が多いため，その後の協働学習を円滑にする目的で，第1回目の授業でアイスブレイクとして行う物語ワークである。授業の中ではさまざまな文芸作品（小説，広告コピー，歌詞など）を取り扱い文章表現について学ぶので，その学びとつなげながらゲーム感覚で参加できる学習デザインにした。使用する「OHカード[2]」は，1976年にカナダで生まれたカードで，一枚一枚に異なる絵が描かれている。絵から受けるインスピレーションをもとに内省や対話を促すことができ，教育，芸術，福祉，カウンセリング，ビジネスなどの分野で活用されている（類似するものに，名画などの美術作品で構成されるアートカードもあり，美術館などで販売されているものもある）。数種類あるOHカードの中でもとくに文芸創作に親和性が高いシリーズの「1001」（『千夜一夜物語（アラビアン・ナイト）』がモチーフになっているシリーズ）というカードを筆者は用いている。カードを机に広げ，まず教員がその中の1枚を取り出し「昔々，あるところに心の優しい青年が住んでいました…」というように，馴染みのあるフレーズで物語の冒頭を語る。以降は，学生が任意の1枚を選び，即興で物語をつないでいく。順番はとくに決めずに思いついた人が手を挙げて進める。ところどころで話の辻褄が合わない矛盾が起きたり，予想外の展開が起きたりするが，それもこの後の解説授業につながっていく。最後の人は，何とか物語が終わるようにまとめ，たいていは「めでたし，めでたし」あるいは「…ということだったとさ。おわり」などと話を締め括る。

写真 3-2　OH カードを使った物語ワーク

　カードで物語をつなぐ最中，学生は緊張感と遊び心をもって参加し，話の展開によってどっと笑いが起こったり，物語の伏線をうまく回収できた場合などには「おぉ」とどよめきが起きたりすることもある。そして，ワークを終えてから，話のどの辺りの展開で気持ちが盛り上がったかを確認しながら，具体的に自分の中にうまれた「？」「！」「⁉」を挙げ，人を惹きつける「物語」の構造について考えを深める。もし最後が終わりらしくまとまらなかったときには，なぜ終わりらしく感じられなかったのかを考えてもらう場合もある。授業では，この後に『千夜一夜物語』の物語構造や文芸作品としての特徴について解説を加え，ワークで体験したことと知識をつなげていく。

　このように，とくに初学年では，ゲーム感覚で参加しやすいワークをアイスブレイクに取り入れたり，自分の創作物ではなく既存作品の好きなものを持ち寄ったりするなど，心理的なハードルの低い共有から進めることがポイントである。ハードルの低いことから段階的な共有を進めると，他者と共有してフィードバックをもらうことのメリットが理解できてくる。そこまでのコンディションが整えば，自分の企画や創作物を人と共有してクリエイティブ・ラーニング・スパイラルをまわすことが抵抗感なく自然とできてくる。たとえば，物語の創作の場合には，自分の好きな物語のストーリーラインから共有し，次のステップで自分の創作したストーリーラインの共有，作品のポスター案での発表

協働学習の学習デザインと可能性　第3章

写真 3-3　物語のストーリーラインの共有

写真 3-4　自分の作品を紹介し合うポスター・セッション

というように段階を踏むようにしている。

　このような共有の際には，学生間のフィードバックを必ず行うようにし付箋を貼るなどして可視化している。付箋に書かれたコメントは，教員の評価以上に本人の励みとなったり大きな気づきを誘発したりする場合が多い。写真のようなポスター・セッションのほか，作品の読み合い会などでも同様のフィードバックを取り入れている。また，授業には協働学習を助ける可動式のホワイトボードが欠かせない。各自の意見や視点を統合したり論点を整理したり構造化することで思考力も高まっていく。とくに，ディスカッション後に各グループ

写真 3-5　可動式の机とホワイトボードを用いる授業の様子

が話し合った内容を前に並べて比較することのできる形状が使い勝手が良い。

　こうして共有の度合いを学年に応じて上げていき，学生の間で多様な感性と視点の共有や豊かなフィードバックが生まれるようになると，参加意欲が一層高まる。授業で記入されるコメントシートの記載からも，その様子が見える。
〈コメントシートより〉
- みんなが持ってきた作品が様々でとても楽しかった。表現の引き出しが増えた気がする。（1年）
- 人に読んでもらうのは恥ずかしかったが，いろんな意見をもらって作品に生かせることがたくさん見つけられた。（2年）
- イメージがぼんやりしていたところを見事に指摘されてしまった。でも，みんなから意見をもらえてアイデアが一気に固まった。（3年）

　また，学生が自身の協働性をふりかえる機会を作るために，ルーブリックを用いた自己点検も設定している。アクティブ・ラーニング型の授業評価では，学生たちの行動や成果物を評価するうえで，パフォーマンス評価とルーブリックが活用される場合が多い。筆者は，関西国際大学（淑徳大学が連携校として参加した 2012 年度から 5 カ年の大学間連携共同教育推進事業「主体的な学びのための教学マネジメントシステムの構築」の代表校）で活用されている共通ルーブリックの「チームワーク」の参考にアレンジを加えて使用している。

協働学習の学習デザインと可能性　第❸章

表3-6　協働性をふりかえるためのルーブリックの例

	4	3	2	1
①グループでの話し合いへの参加	グループでの話し合いにおいて，話し合いを進展させるような建設的発言を積極的にしている	グループでの話し合いにおいて，発言を行い，話し合いをリードしている	グループでの話し合いにおいて，関連する発言を行っている	グループでの話し合いの場に参加している
②グループメンバーの話し合いへの参加の促進	メンバーの発言に対して，他のメンバーが相互に関連づけて発言できるような話し合いの流れを作りだすことで，メンバーの積極的参加を促している	メンバーの発言を整理し，関連づけた上で発言するなどして，メンバーの積極的参加を促している	メンバーの発言に対して，あいづちをうつ，うなずくなどして理解を態度に示すことで，メンバーの話し合いへの参加を促している	メンバーの話を遮ることなく聞くようにしている
③グループでのチェックインへの参加	グループでのチェックインにおいて，相互に共有した情報に質問や考察を加え，内容を深める建設的な話し合いをリードしている	グループでのチェックインにおいて，相互に共有した情報をもとに，話し合いをリードしている	グループでのチェックインにおいて，事前に準備した情報を発表している	グループでのチェックインに参加している
④グループの雰囲気作り	グループの状況の変化に応じて，率先してチームの雰囲気をより良くする，あるいは雰囲気が悪くなった時にはそれを解消するような発言や行動をしている	チームの雰囲気を良くするために，自ら率先して発言や行動をしたり，メンバーのサポートをしたりしている	チームの雰囲気が良くなるようにメンバーに合わせた発言や行動をしている	チームの雰囲気を悪くするような発言や行動をしたり，態度に表したりすることなく，チームに参加している
⑤「表現カタログ」制作での個人の貢献	協働作業に積極的に参加して，高い完成度での課題の達成に多大な貢献ができている	協働作業に参加して，課題の達成に貢献できている	協働作業に参加して，作業の遂行に協力している	協働作業に参加して，要望を受けて作業を手伝っている

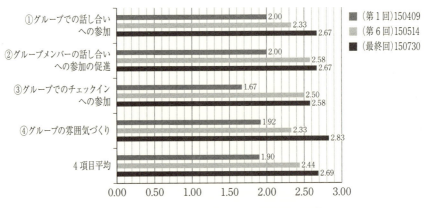

図3-12 ルーブリックによる自己評価の推移

　15回の授業の序盤(第1回),中盤(第6回),終盤(最終回)で自己評価を3回実施した結果が図3-12のグラフである。4項目とも段階的に評点平均値は上昇している。ルーブリックで話し合いの姿勢について自己点検を行う機会を複数回作ることによって,学生には話し合いをうまく進める意識も高まっていた。最終回のルーブリックのコメント欄には,以下のように自身の成長を自覚した内容が記載されている。

〈最終回のルーブリックのコメント欄より〉
・最初の頃に比べて短い時間の中でどう話し合いを進めていけばいいかが分かってきた。
・発言は今までもしていたが,意見と意見を繋ぐための発言ができるようになった。
・以前より積極的に話し合いに参加し関連したキーワードを挙げるようになった。本当の意味で共有することができるようになった。
・ホワイトボードへの書き込み,まとめ,発言が最初よりもできるようになってきた
・この授業でグループワーク後に発表することがかなり増えたので,自然と自分が発表する前提でグループワークを進めるようになっている。そうす

協働学習の学習デザインと可能性　第❸章

ると，討論の内容もよく入ってくる上に，話を要約する力が身についてきているように感じる。
・自分がグループワークを通して積極的になっていった経緯には，先生が日頃から言っている「社会では…」という言葉にある種の危機感を感じたからだと思う

● プレゼンシング（生成的な対話）を生む場づくり

　クリエイティブ・ラーニング・スパイラルとともに，大学での学び場づくりで参考にしている学習観がもうひとつある。それは，マサチューセッツ工科大学のピーター・センゲ教授らが生み出し普及させた概念「学習する組織（The Learning Organization)」で紹介されているものである。「学習する組織」は，システム思考などの理論とともに具体的な手法が多く示され，1990 年に初版発行された著書（日本では 2011 年に翻訳本を出版）[3]はその後，世界的なベストセラーとなった。環境変化やさまざまな壁を乗り越えながら持続的に成長していくためには，組織を構成するメンバー一人ひとりが自ら学び，組織としても学び続けることが必要であるという前提に立っている内容だ。この著書で示された5つの原則（自己マスタリー，システム思考，メンタル・モデル，チーム学習，共有ビジョン）は，ナイキ，インテル，VISA，ユニリーバ，世界銀行などのグローバル企業・組織だけでなく，日本でも，日産，リクルート，JICA（国際協力機構）などでも導入されている[4]。（なお，ピーター・センゲはその後，"Schools That Learn – A Fifth Descipline Fieldbook for Educators, Parents, and Everyone Who Cares About Education" を 2000 年に記し，日本では『学習する学校』と題する翻訳本が 2014 年に出版された[5]。）

　この中から，大学の授業の場づくりでとくに参考にしたのは，「チェックイン」と「プレゼンシング（生成的な対話）」である。「チェックイン」（および「チェックアウト」）は，会議や研修の冒頭（および最後）にすべての参加者が発言することによって参加意識を高めるもので，チーム学習や組織開発を進める上で簡単に始められる行動慣習であり，「話す」「聴く」練習としても有効である。

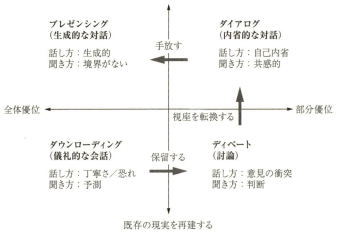

※アダム・カヘンがオットー・シャーマーのモデルを改変
図 3-13　話し方と聞き方の 4 つの方法[4]

　授業では時間的な制約もあるため，筆者はチェックアウトを省略しているが，大半の授業で何らかのチェックインを実施している。内容は，事前課題を用いて行ったり，持ち寄りのニューストピックスで行ったりなど，それぞれの授業の目的や到達目標に応じて設定している。履修人数や授業内容にもよるが，90分の授業のうち冒頭10～20分をこれに使う場合が多い。授業が「話す」ことから始まるため学生は主体的に参加することになり，話し方に気を使い，相手の話のポイントをとらえようと頭を働かせることになる。このようなチェックインが授業の本題に入る前のコンディションづくりにつながる。

　『学習する組織』の中でもうひとつ参考にしたのが「プレゼンシング（生成的な対話）」である。これはオットー・シャーマーが発案しアダム・カヘンが練り上げた「話し方と聞き方の4つのレベル」というモデル（図3-13）の中で示されたものである。左上の象限に位置する生成的な未来志向の対話を指し，場の質を高めチームを変容させるコミュニケーションであるとされている。ここでいう「生成的」とは，「過去にはなかったような，今ここの場から新しい

関係性や新しい洞察・アイデア，行動する意思などが生じてくる様子」の意である。プレゼンシングでは，参加者の自己開示が進み，リラックスした状態で自身が執着していることを手放し，互いの考えを率直に述べ，相手の意見を時に合理的に，時に共感的になって最後まで聞くことができる。授業でのプレゼンシングは，教員が意見を言う学生を指名しなくとも学生の側から次々と手が挙がり，アイデアや意見について発言が進んでいく状態であろう。プレゼンシングを促すうえで，教室内で学生のリーダー役等が固定化しないようにも心がけている。役割を固定化するとその役割に過剰に順応してしまう可能性があるからである。フラットな場づくりをしてファシリテートしていくことがポイントになる。

　プレゼンシングの対話量は，協働学習の経験を積んだ上位学年ほど明らかに増えてくる。履修生に顔馴染みが増えて周囲と安心・安全な関係の構築ができていることの影響も大きい。相手の話していることを受けとめ，周囲にも気づきを与えられるような自分なりの視点で意見や情報を提示できる学生が増える。彼らには「場に貢献する」という意識が根づいてくる。プレゼンシングを生み出すことは，履修者の関係性を良好にすることとも深く結びついているので，授業運営ということを越えて，いかに学習する組織・大学にしていくか，という総合力が問われてくるようにも感じる。一足飛びには成し得るものではないが，常にその状態を目指していきたいところである。

● インタビューワークがもたらす学び

　最後に，大学の授業に取り入れているインタビューワークについて触れたい。表現学科では取材記事の原稿を作成する授業があり，インタビューの進め方や記事のまとめ方について学ぶ。そのような授業でのインタビューの演習はもちろんのこと，それ以外の授業でもインタビューワークを協働学習として効果的に用いることができる。インタビューでは，聞き手と話し手という役割が明確にあるため，話し手にとって掘り下げたいテーマについてインタビューを行うことによって，話し手の中のアイデアや構想が具体化したり，本人が明確には

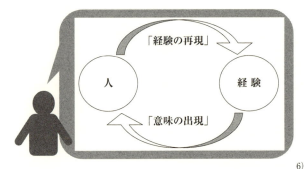

図3-14 キャリアカウンセリングにおける経験代謝サイクル[6]
出典：JCDA, 2009

意識していなくとも潜在的に考えていることが表出化できたりする場合が多い。
　日常生活でも「人に話しているうちに、自分の考えが整理された」「話しているうちに関連したことを思い出してアイデアが浮かんだ」といったことは多くの人が経験しているであろう。キャリアカウンセリングの分野でも、キャリアカウンセラーがクライエント（依頼人、来談者）の話を傾聴しながら関わり、クライエントが過去の経験を語ることによって、その経験の意味が出現してくるプロセスを重視している。日本キャリア開発協会（JCDA）は、これを「経験代謝サイクル」と名づけ、キャリアカウンセリングとは、この経験代謝のサイクルをまわすことを促す働きかけであるとしている。このように対話によってさまざまな気づきが誘発されることを、授業の創作演習に応用することを試みた。
　短編小説の完成という最終ゴールがある授業では、一連の創作過程において履修者全員で協働学習を進めながら最終的に8000字〜2万字の作品を仕上げていく。そのプロセスの序盤では、「小説を書く目的」のインタビューワークを行っている。まだ執筆していない作品がすでに出来上がっている時をイメージして、作家役、インタビュー記者役、オブザーバー（観察者）役に分かれインタビューを行う。これは、企業研修などで取り入れられることがある、ヒーローインタビュー（成功した未来をイメージしてインタビュアーの「おめでとうご

協働学習の学習デザインと可能性　第❸章

写真 3-6　小説についてのインタビューワーク

ざいます」からはじめるインタビュー）にも似ている。履修者のアイスブレイクになるだけでなく，作家役はインタビューに応じているうちに自分が何を伝えたいのか，何のために書くのか，どのような世界観を作っていきたいのか，などが少しずつイメージできてくる。また，インタビュー役やオブザーバー役になって他の学生の語る話を聞くことによって，自分の創作への刺激も受ける。しかも，演劇的要素が多少入ることによって遊び心をもって学生が参加できる。

このインタビューワークを終えた回の事後学習では，自分自身で作家としての自分のインタビュー記事を執筆してみる。これによって，自分が話したことをふりかえり，自分自身の創作をメタ認知で捉え言語化する機会にしている。

インタビュー記事には，そのプロセスでさまざまな学習を設定できる。
① インタビュー段階：話す力・聴く力
② 編集段階：情報編集力，ストーリー構築力，表現力（文章，レイアウト）
③ 記事確認段階：取材される側に自己概念の発見
さらに役割を変えることによって多面的にも学べるため，インタビューワークはさまざまな学習の中に効果的に取り入れられる可能性がある。

このようなインタビューの特性をうまく活用した例に，リクルートが中学生向け職場体験支援プログラムとして開発した「タウンワーク　トライワーク」[7]が挙げられる。これは中学生が地域の仕事を取材する「街のシゴト調査員」という役割を担い，職場体験で取材した内容をもとに原稿にまとめるプログラム

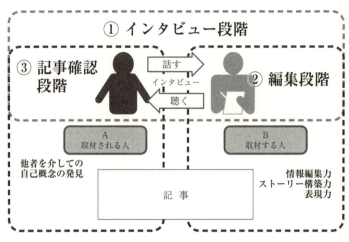

図3-15 インタビュー記事でうまれる学習デザイン

である。製本された冊子は学校，地域，保護者にも配布され地域間コミュニケーションにもつながるもので，2011年度のグッドデザイン賞（社会貢献活動のデザイン）を受賞している[8]。

　表現学科の授業でも，ロールモデルへの取材をもとにした執筆課題を設定している。特別ゲストや協力企業（出版社，印刷会社など）の方を授業に迎えることは，キャリア教育の観点でロールモデルから学べる機会として貴重である。しかし，ロールモデルへの関心の度合いは学生によって開きがあるうえ，ただ受け身に話を聞くだけの登壇になってしまうと，話者（ロールモデル）が話術に長けている人でない限り学生の集中力は続きにくい。このようにゲストを迎え入れる授業では「共同インタビュー演習」を組み入れることがある。ゲストは取材対象者であり，取材内容をもとに執筆するインタビュー記事が授業の創作課題となる。ロールモデルの話をひと言も聞き漏らすまいと学生は集中して話を聞き，記事を想定して深く掘り下げたいところの質問を練る。しかも，同じ場で同じ人を取材しても，各自の創作課題の切り口やタイトル，原稿構成はさまざまで，それぞれの取材視点や文章表現の違いから得る気づきや学びも大きい。このスタイルの授業で，これまでに映画監督，海外で活躍するマンガ家，

写真 3-7　共同インタビュー演習の様子

書家などを授業に招いた。完成した創作課題の原稿を読むことで，彼らがロールモデルからどんな刺激を受けているかを教員が理解することもできる。表現教育，キャリア教育，協働学習の要素を複合でき，かつ1回の招聘を有効に活用できる学習デザインである。

　インタビューは，取材者と取材される側を結び，その取材記事が別の多くの人を結んでいくため，人々の接点づくりとして活用できる。異なる世代や立場，専門分野の違う人同士がインタビューをし合い，それを形にして別の人に伝えていくということが持つ可能性は大きい。大学の授業や学外プログラムの中で，このインタビューワークの可能性を広げていくことに今後も取り組みたい。

〈引用・参考文献〉
1) Resnick, Mitchel "All I Really Need to Know (About Creative Thinking) I Learned (By Studying How Children Learn) in Kindergarten", Creativity & Cognition conference, June 2007.
   http://web.media.mit.edu/~mres/papers/CC2007-handout.pdf（2018年2月1日アクセス）
2) OHカード（日本における販売店によるインターネットサイト）
   http://www.oh-card.jp/（2018年2月1日アクセス）
3) ピーター・M. センゲほか著，枝廣淳子・小田理一郎ほか訳『学習する組織：システム思考で未来を創造する』英治出版，2011
4) 小田理一郎『『学習する組織』入門』英治出版，2017
5) ピーター・M. センゲほか著，リヒテルズ直子訳『学習する学校：子ども・教員・親・地域で未来の学びを創造する』英治出版，2014
6) 特定非営利活動法人日本キャリア開発協会（JCDA）「キャリアカウンセリングとは何か」
   https://www.j-cda.jp/prev/member/thesis/download/ronbun.pdf

（2018 年 2 月 1 日アクセス）
7) リクルートホールディングス「タウンワーク　トライワーク」
http://www.recruit.jp/company/csr/community/trywork/
（2018 年 2 月 1 日アクセス）
8) 2011 年度グッドデザイン賞 中学生の職場体験支援プログラム［タウンワーク　トライワーク］
http://www.g-mark.org/award/describe/38194（2018 年 2 月 1 日アクセス）

あとがき

　仕事はソロよりオーケストラで。

　かつて勤務していた職場での行動指針のひとつである。この行動指針が組織の中で決められた当時，私はブライダル誌の若手編集者として日々さまざまなプロフェッショナルに囲まれながら仕事をしていた。取材や撮影で記事づくりに参加していただく外部ブレーン，雑誌を読者に届けるための配本計画やプロモーション戦略を練ってもらう社内スタッフ，地方版創刊に向けて地元ブライダル企業へ一緒に媒体案内をしてもらう営業スタッフなど，専門性の異なる人と協働する機会が増えていた。意思疎通がうまくいかないことや自分がどのように関わってよいかわからずに戸惑う場合もあったが，事業の成長とともに，少しずつオーケストラのように仕事を進めるおもしろさを覚えた時期だった。

　ソロにはソロならではの魅力があるが，オーケストラにはオーケストラでなければ出せない力強さや奥行きがある。他の演奏者との間で思いがけないハーモニーの美しさを楽しめる場合もある。オーケストラの演奏者は，まず自分の役割を自覚し，周囲の演奏者の持ち味を理解し，曲の流れに耳を澄まし，しかるべきタイミングで音を奏でる。協働学習がうまく機能している学び場では，そういったオーケストラのような響きが感じられる。「この人はこんな柔らかい視点をもっているんだ」「確かに，その重厚感は説得力があるね」「その元気な感じ，いいな」と，一人ひとりの持ち味が見えてくる。一部の楽器ばかりが前面に出るわけではなく，ハーモニーがあり，ストーリー性にあふれている。教室や職場に，こういったオーケストラ演奏のような瞬間が増えることを願う。

　本書の執筆も，決してソロ演奏ではない。多くの方がつないでくださったご縁，与えてくださった気づきや学び，それらが連なったオーケストラ演奏の末に生まれたものである。最後に，心よりの感謝を述べたい。

まず，今回の執筆にあたり取材にご協力くださった皆様，そして，その方々へのご縁をつないでくださった以下の皆様に，心より御礼を申し上げます。

　長年の勉強会仲間である NHK の山本恵子さん，ジャパンタイムズ執行役員の大門小百合さん，横浜市立中川西中学校校長の平川理恵さん（2018 年 4 月より広島県教育長），青山学院大学のワークショップデザイナー育成プログラムで出会った皆さん，なかでも日本ブラインドサッカー協会の取り組みを紹介してくださった NPO 法人 GEWEL 代表理事・公益社団法人日本プロサッカーリーグ（J リーグ）理事の村松邦子さん，哲学対話の世界を教えてくださった NPO 法人こども哲学おとな哲学アーダコーダ代表理事の川辺洋平さん，ワークショップを一緒に企画していただいたスリール株式会社 代表取締役社長の堀江敦子さん，日本 IBM 株式会社ワーキングマザーコミュニティの塚本亜紀さん，ストップイットジャパン CEO の谷山大三郎さん，前職時代からさまざまな視点を授けてくださっているリクルートワークス研究所の石原直子さん，リクルートマーケティングパートナーズの乾喜一郎さん，JMOOC の岡村幸路さん，学生のインタビュー演習にご協力くださった松井久子監督，Yukiko Ayres さん，小川尚志さん，ミサコ・ロックスさん，淑徳大学人文学部表現学科を学科長として率いてこられた野村浩子教授，大学内の教育改革推進事業（自校教育，福祉マインド）で協働させていただいている教職員の皆さん，そして，私の編集者としての「三つ子の魂」ともいうべきものを授けてくださった株式会社 KADOKAWA 取締役の芳原世幸さん，メディア・プランナーの森川さゆりさん，本書の刊行にあたり尽力いただいた学文社の田中千津子さま，いつも支えてくれる家族に心より感謝を込めて。

　2018 年 2 月

杉原　麻美

・本書は，淑徳大学学術出版助成を受けた。
・本書の中の「"働く"の教室」「"学ぶ"の教室」は，平成 28 年度科研費補助金（基盤研究(C)「世代間交流による協働学習に関する研究―学生・児童・親世代をつなぐ学習デザイン―」課題番号 16K00719）の助成を受けて実施したものである。

欧文索引

A

ASTD　41
ATC21S　21

B

BP　47, 93

C

CCR　23, 24, 25, 28, 35
CIS　59
CMC　10

D

DP　58
DoSeCo　デセコ　26

E

EDIX　18
Education 2030　25, 27, 28
ESD　28, 29

G

gacco　115

I

IB　58, 59
ICT　10, 12, 14-19, 71, 73, 76-79, 109
ICT CONNECT 21　16, 17
ICT リテラシー　22

J

JCDA　87, 134

K

K-12 教育　23

K

KPI　16

M

MDGs　29
MI　53, 54
MOOC　115
MYP　58

N

NEASC　59

O

OECD　25-28, 41
OECD 東北スクール　27
OH カード　125, 126

P

PBL　27, 28
PISA　26
PYP　58-61
P21　54
P4C　64

S

SDGs　28, 29, 30
SGH　99
6Thinking Hats　62

T

Today's Feeling　57

U

unlearn　95

V

VUCA　41

和文索引

あ

アクティブ・ラーニング　35, 109, 111-114
アシスティブ　14, 15
アダプティブ　14, 15
アダプティブ・ラーニング　15
アンラーン　95

い

インタビューワーク　133, 134, 135
インタラクティブ・ティーチング　115

え

越境　94-96

か

改正教育基本法　11
学習意欲　35
学習コミュニティ　96
学習する学校　131
学習する組織　131, 132
学力の三要素　24, 25
科目等履修制度　46, 47

き

キー・コンピテンシー　25, 26
キャリア教育　77, 78, 136, 137
教育振興基本計画　11, 12
教育の情報化ビジョン　13, 14
協調学習　10
共同学習　10
協働学習　9-14, 19, 23, 30, 35, 123, 124
協働学習支援システム　17, 18
協働制作　78, 79, 87, 89
協働的問題解決　22

く

クリエイティブ・ラーニング・スパイラル
　120, 121, 126

け

計画された偶発性　49
計画された偶発性理論　51
経験代謝サイクル　134
経済協力開発機構　25

こ

高等教育の無償化　48
国際交流　71
国際バカロレア（IB）　58, 59
子どものための哲学（P4C）　64
『子ども・若者白書』　32, 33

さ

サード・プレイス　51

し

自己受容　57, 58
持続可能な開発のための教育　29
持続可能な開発目標　29
自尊感情　32, 35
自分事　61
社会構成主義　93
社会人の学び直し　46, 47, 92
生涯学習　12
生涯学習社会　11, 12
情報編集力　17
職業実践力育成プログラム（BP）　46, 47, 93
職業能力　48
人生100年時代構想会議　46

和文索引

す

スポ育　102

せ

世代間交流　77
全国学力・学習状況調査　35
専門職学科　47, 49
専門職大学院　46
専門職大学・専門職短期大学　47-49
全人教育　58

た

大学教育の質的転換　109
大学設置基準　108
大学全入時代　108
ダイバーシティ（多様性）＆インクルージョ
　ン（受容）　30
多元的思考　64
多重知能（MI）理論　53
タブレット　12, 16-18, 77, 79, 80, 86, 88, 89
多様性受容力　73
多様性適応力　102, 103
多様性適応力インデックス　103, 104
探究型学習　59, 60, 61, 64

ち

地域未来塾　17
チェックイン　131
チームワーク　96, 97, 98, 99, 100
知識基礎社会　23

て

ディープラーニング　42
ディベート　54
デジタル教材　18
哲学対話　64, 65, 68, 69
電子黒板　12, 18

と

トリプル A　14, 15, 16

な

納得解　54, 56, 58

に

21 世紀型アフタースクール　53
21 世紀型教育　23
21 世紀型スキル　21, 22, 54
21 世紀教育の４つの次元　24
21 世紀の学習者と４つの次元　23
日本型雇用システム　46
日本キャリア開発協会　87, 134
日本再興戦略　58
日本再興戦略 2016　15

の

能動的学修　109

は

働き方改革　97
反転授業　112

ひ

ピース・エンジニアリング　73
表現教育　77, 78

ふ

ファシリテーション　118
ファシリテーター　118
フューチャースクール推進事業　14
ブラインドサッカー　101
プレゼンシング　131-133

へ

勉強嫌い　33, 35

143

ま

学びのイノベーション事業　　12-15
まなびほぐし　　95

み

ミレニアム開発目標　　29

む

無線 LAN　　16
6つの帽子思考法　　62

め

メタ学習　　23-25, 95
メタ認知　　22, 24, 25

も

問題解決能力　　41

ゆ

ユネスコ　　29

よ

4C　　54

ら

ラーニングコモンズ　　114, 115

り

リカレント教育　　46
履習証明制度　　47, 92

る

ルーブリック　　128, 129, 130

わ

ワークショップデザイナー　　92-94, 96, 117
ワークショップデザイン　　117
ワンダーシート　　62

著者紹介

杉原　麻美（すぎはら　まみ）

淑徳大学人文学部表現学科　准教授。編集者。

1967年生まれ。
千葉大学園芸学部を卒業後，1989年，株式会社リクルート（現リクルートホールディングス）に入社。
同社にて「ゼクシィ」副編集長，「赤すぐ」副編集長，「ケイコとマナブ」編集長，「ケイコとマナブ主婦からのお仕事スタート完全ガイド」編集人，リクルート学び総合研究所研究員などを歴任した後，
勤続25年で同社を退職し，2014年4月より現職。
専門はメディアコミュニケーション，情報コミュニケーション，ワークショップデザイン。
大学の授業にインタビューの技術やワークショップの手法を取り入れ，協働学習を実践している。
JCDA認定CDA（キャリア・デベロップメント・アドバイザー）。
生涯学習開発財団認定ワークショップデザイナー。
情報コミュニケーション学会，日本創造学会 所属

多文化共生社会における協働学習

2018年2月28日　第1版第1刷発行

著　者　杉原麻美

発行者　田中千津子

発行社　株式会社 学文社

〒153-0064　東京都目黒区下目黒3-6-1
電話(03)3715-1501(代表)　振替00130-9-98842
http://www.gakubunsha.com

落丁，乱丁本は，本社にてお取り替えします。　　　　印刷／新灯印刷株式会社
定価は，売上カード，カバーに表示してあります。　　　　〈検印省略〉

ISBN 978-4-7620-2789-5

© 2018 SUGIHARA Mami　　　　　　　　Printed in Japan